قال عبد الله بن المقفع :

إنا وجدنا الناس قبلنا كانوا أعظم أجساماً، وأوفر مع أجسامهم أحلاماً(1) ، وأشد قوة ، وأحسن بقوتهم للأمور إتقاناً، وأطول أعماراً ، وأفضل بأعمارهم للأشياء اختياراً(2) . فكان صاحب الدين منهم أبلغ فى أمر الدين علماً وعملاً من صاحب الدين منا ؛ وكان صاحب الدنيا على مثل ذلك من البلاغة والفضل .

ووجدناهم لم يرضوا بما فازوا به من الفضل الذى قسم لهم لأنفسهم حتى أشركونا معهم فيما أدركوا من علم الأولى والآخرة فكتبوا به الكتب الباقية ؛ وضربوا الأمثال الشافية ؛ وكفونا به مؤونة (3) التجارب والفطن .

وبلغ من اهتمامهم بذلك أن الرجل منهم كان يفتح له

---

(1) أى عقولا وألبابا . (2) وفى ش: اختبار .

(3) أى تحملوا عنا الكلفة والتعب والعناء .

الباب من العلم ، أو الكلمة من الصواب ـ وهو فى البلد غير المأهول(١) ـ فيكتبه على الصخور ، مبادرةً للأجل ، وكراهيةً منه أن يَسقطَ(٢) ذلك عمّن بعده .

فكان صنيعهم فى ذلك صنيعَ الوالدِ الشفيقِ على ولده ، الرحيمِ البَرِّ بهم ، الّذى يجمع لهم الاموال والعُقَد(٣) : إرادةَ أن لا تكونَ عليهم مؤونة فى الطلب ، وخَشْيَةَ عَجْزِهم ، إنْ هم طَلَبُوا .

فمنتهى عِلْمِ عالِمنا في هذا الزمان أنْ يأخذ من علمهم ، وغاية إحسانِ مُحسنِنا أن يقتديَ بسيرتهم ، وأحسن ما يُصيبُ من الحديثِ مُحدِّثُنا أن ينظرَ في كُتُبهم . فيكونَ كأنه إياهم يُحاوِرُ ، ومنهم يَستمعُ ، وآثارَهم يتبعُ ، وعلى أفعالهم يحتذى ، وبهم يقتدى .

---

(١) أى غير المسكون . (٢) أي يضيع .

(٣) العقد جمع عقدة . وهى العقار ونحوه . قال اعتقد فلان عقدة اذا اشترى ضيعة او اتخذ مالا من عقار وغيره . وعلى هامش نسخة الشنقيطى وبخطه ما نصه : ,,والعقد النفائس من الأموال ''.

غيرأنّ الذى نجِدُ في كُتبُهِم هوالمنتخَل(١) من آرائِهم والمُنْتقَى من أحادِيثِهم •

ولم نجِدْهم غادرُوا شيئًا يجِدُ واصفٌ بليغ فى صفةٍ لهُ غايةً لم يسبِقُوهُ إليها : لافى تعظيمِ لله (عزّ وجلّ) وترغيبٍ فيما عندَه ؛ ولا في تصغيرِ للدنيا وتزهيدٍ فيها ؛ ولا فى تحريرِ صنوفِ العلم وتقسيم قِسَمِهَا (٢) وتجزئة أجزائها وتوضيح سُبُلِها وتبيين مآخذها ؛ ولا فى وجهٍ من وجوه الأدب وضُرُوب الأخلاق •

فلم يَبقَ في جليلِ الأمر ولاصغيرِه لقائلٍ بعدهم مقالٌ •

وقد بَقِيَتْ أشياءُ من لطائف الأمورفيهامواضعُ لغوامض(٣) الفِطَن، مشتقَّةٌ من جسام حِكَمِ الأوّلين وقوْلِهم . فمن ذلك بعضُ ما أنا كاتبٌ في كتابى هذا من أبواب الأدَب التى قد يَحتاجُ إليها الناسُ •

---

(١) أى المصفى المختار. (٢) اى اقسام صنوف العلم. (٣) فى ش : اصغار.

يا طالبَ العلمِ والأدب!

إنْ كنتَ نوعَ العلْمِ تريدُ، فاعرِفِ الأُصولَ والفصولَ. فإنَّ كثيرًا من الناسِ يطلبُونَ الفُصولَ مع إضاعةِ الأُصولِ. فلا تكونُ حقيقةُ دَرَكِهم(١) دَرَكًا. ومَن أحرزَ الأُصولَ، اُكتفَى بها عن الفصولِ. وإنْ أصابَ الفصلَ بعدَ إحرازِ الأصلِ، فهُوَ أفضلُ.

فأصلُ الأمرِ في الدينِ أنْ تعتقِدَ الإيمانَ على الصوابِ، وتجتنِبَ الكبائرَ، وتؤدِّيَ الفريضةَ. فالزمْ ذلكَ لزومَ مَنْ لا غَنَاءَ له عنه طَرْفَةَ عينٍ، ومَنْ يعلمُ أنهُ إنْ حُرِمَهُ هلَكَ. ثم إنْ قَدَرْتَ على أنْ تُجاوِزَ ذلكَ إلى التفقُّهِ في الدينِ والعبادةِ، فهو أفضلُ وأكملُ.

(١) تحصيلهم للعلم.

§ وأصل الأمر في صلاح الجسد أنْ لا تحمِلَ عليه من المأْكل والمشرب والباه إلا خِفًّا(١). ثم إنْ قَدَرْتَ على أنْ تعلَمَ جميعَ منافع الجسد ومضارّه والانتفاعَ بذلك كلِّهِ، فهو أفضلُ.

§ وأصل الأمر في البأْس والشجاعة أنْ لا تُحَدِّث نفسَك بالإدبار، وأصحابُكَ مُقبِلون على عدوّهم. ثم إنْ قَدَرْتَ على أنْ تكون أوّلَ حاملٍ وآخرَ مُنْصَرِفٍ، من غير تضييع الحِذْر(٢)، فهو أفضلُ.

§ وأصل الأمر في الجُود أنْ لا تضِنَّ بالحقوق عن أهلها. ثم إنْ قَدَرْتَ أنْ تزيد ذا الحقّ على حقّه وتطوّلَ على مَن لا حقَّ له فافعلْ، فهو أفضلُ.

(١) خف يخف خفاً ,, بفتح الخاء في الاخيرة '' اى صار خفيفاً. والخف ,, بكسر الخاء '' كل شيء خف محمله. فصار المعنى وجوب التخفيف في تحميل الجسد من المأكل والمشرب والباه. وذلك هو عين الاقتصاد المطلوب في كل شيء. ووردت هذه الكلمة في ش: ,, خفافا ''. وأظن المعنى بها لا يستقيم.

(٢) والحذر بفتحتين أيضا. ومعناها التحرز.

§ وأصل الأمر في الكلام أن تسلم من السقط(١) بالتحفظ. ثم إن قدرت على بارع الصواب، فهو أفضل.

§ وأصل الأمر في المعيشة أن لا تني(٢) عن طلب الحلال، وأن تحسن التقدير لما تفيد وما تنفق. ولا يغرنك من ذلك سعة تكون فيها. فإن أعظم الناس في الدنيا خطرا(٣) أحوجهم إلى التقدير، والملوك أحوج إليه من السوقة(٤). لأن السوقة قد تعيش بغير مال، والملوك لا قوام لهم إلا بالمال. ثم إن قدرت على الرفق واللطف في الطلب، والعلم بوجوه المطالب، فهو أفضل.

∴

وأنا واعظك في أشياء من الأخلاق اللطيفة والأمور الغامضة

---

(١) السقط [illegible] الخطأ من القول.
(٢) أى لا [illegible] ولا [illegible] ولا [illegible].
(٣) أي وجاهة وظهورا وقدرا.
(٤) [illegible] بالضم الرعية، للواحد والجمع [illegible].

التي لو حنّكتك سِنٌّ كنت خليقاً أن تعلمها، وإن لم تُخْبَر عنها. ولكنّي قد أحببتُ أن أقدّمَ إليك فيها قولا لتروض (١) نفسك على محاسنها قبل أن تجرِيَ على عادة مساويها. فإنّ الإنسانَ قد تبتدرُ إليه في شبيبته المساوئ، وقد يغلب عليه ما بَدَرَ إليه منها للعادة. فإنّ لترك العادة مؤونةً شديدة ورياضةً صعبة.

(١) راض نفسه يروضها أي أكثر من مزاولتها الأمر من الأمور ليسلس قيادها.

القسم الاول

١ – آداب السلطان

بَابُ

إنِ ابتُلِيتَ بالسلطان (١) فتعوَّذْ بالعلماء .

---

(١) لفظة السلطان في كتابات المتقدمين ,, وفي جملتهم ابن المقفع '' لغاية عصر الخليفة هارون الرشيد لاتدل على المعنى المعروف في ايامنا هذه . بل تدل فقط على السلطة وولاية امور الناس وتدبير امور الجمهور. ثم اطلقوها على كل انسان يتولى شيئاً من أعمال الحكومة . فهي عند المتقدمين بمعنى الوالي والحاكم وصاحب الامر . وهارون الرشيد هو اول من اعطى لقب السلطان لوزيره جعفر ، تشريفا له على سائر البرامكة الذين كانوا يلقبون بالملوك ,, كما اورده في صبح الاعشى – في باب الالقاب '' . ولكن لقب جعفر البرمكي بالسلطان لم ينل حظاً من التواتر والاشاعة . ثم اشتهر بهذا اللقب بنو بويه وبنو سلجوق عند استبدادهم بالخلافة العباسية ببغداد . ومن هنا لك انتقل هذا اللقب الى سلاطين آل عثمان وان كان اهل مصر لم يعترفوا لهم بهذا اللقب الا بعد ان فتح الترك ديار مصر وانتزعوها من المماليك . وذلك ان اهل مصر في ايام الفاطميين كانوا يسمون الوزراء بالملوك وبألقاب اخرى هي في منتهى التفخيم . وقد روي المقريزي ان احاحد الوزراء تولى الاسكندرية

واعلم أن من العَجَب (١) أن يُبتَلى الرجلُ بالسلطان فيريدُ أنْ ينتقصَ من ساعات نصَبِه وعمله فيزيدَها في ساعات دَعَتِهِ وفراغهِ وشهوَتِهِ وعبثه ونومه .

وإنما الرأيُ له والحقُّ عليه أن يأخذ لعمله من جميع شُغْله ، فيأخُذَ له من طعامه وشرابه ونومه وحديثه ولهْوِهِ ونسائه قَدْرَ ما يكونُ به إصلاحُ جسمه وتقويةٌ له على إتمام عمله .

وإنما تكون الدَّعَةَ (٢) بعد الفراغ .

فكان لقبه سلطان الملوك. واستمر الحال على ذلك حتى تولى الناصر صلاح الدين وزارة مصر في ايام الخليفة الاخير من الفواطم فتلقب بالسلطان تشبها بنور الدين الشهيد . وعنه انتقل هذا اللقب الى الايوبيين فالمماليك البحرية فالمماليك البرجية . وفي اثناء هذه الدولة الاخيرة ارتفع شأن الدولة العثمانية بفتح القسطنطينية فكان سلاطين مصر واهلها يخاطبون صاحب التاج فيها بلفظ الامير في الرسميات واما الكتاب والمؤرخون فكانوا يعبرون عنهم بابن عثمان فقط . وبقى الحال على ذلك حتى افتتح العثمانيون بلاد مصر فانحصر اللقب فيهم الى الآن باوسع معانيه ، اى ملك الملوك ، كما كانت الحال في مصر قبل زوال دولتها على عهد الغوري رحمه الله.

(١) هكذا وردت هذه الكلمة في جميع النسخ ولعل الصواب « العيب » . وبذلك يستقيم المعنى .

(٢) أي الراحة والسكون.

فإذا تقلدت شيئاً من أمر السلطان فكن فيه أحد رجلين: إما رجلاً مغتبطاً به، محافظاً عليه، مخافة أن يزول عنه؛ وإما رجلاً كارهاً له مُكرَهاً عليه. فالكاره عامل في سخرة: إما للملوك، إن كانوا هم سلطوه؛ وإما لله تعالى، إن كان ليس فوقه غيره.

وقد علمت أنه من فرط في سخرة الملوك أهلكته فلا تجعلْ للهلاك على نفسك سلطاناً ولا سبيلاً.

وإياك — إذا كنتَ والياً — أنْ يكونَ من شأنك حبُّ المدحِ والتزكيةِ، وأنْ يعرفَ الناس ذلك منك؛ فتكونَ ثُلْمَةً (١) من الثلم يتقحّمون عليك منها، وباباً يفتتحونك منه، وغيبةً

(١) الثلمة [illegible] في [illegible] الهدم أو [illegible]

يغتابونك بها ويضحكون منك لها .

واعلمْ أنَّ قابلَ المدحِ كمادحِ نفسه . والمرء جديرٌ أن يكون حُبُّه المدحَ هو الذى يحمله على رَدِّه . فإنّ الرادَّ له محمودٌ ، والقابلَ له معيبٌ .

بَابٌ

لِتَكنْ حاجتُك فى الولاية إلى ثلاثِ خصال : رِضَى ربّك ، ورِضَى سلطان – إن كان فوقك – ، ورِضَى صالِحِ مَنْ تَلِى عليه .

ولا عليك أنْ تَلْهُو عن المال والذِكْر ، فسيأْتيك منهما ما يحسنُ ويَطِيبُ ويُكْتَفَى به .

واجعلِ الخصالَ الثلاثَ منك بمكانِ ما لا بُدَّ لك منه . واجعل المال والذِكْر بمكان ما أنت واجدٌ منه بُدًّا .

بَابٌ

اِعرَفِ الفضلَ فى أهل الدِينِ والمُرُوءة فى كل كُورَةٍ (١) وقَرْيَةٍ وقبيلة. فلْيكونوا هم إخوانَك وأعوانَك وأخدانَك وأصفياءَك وبطانَتَك ولطفاءَك وثِقاتِك وخُلَطاءَك. ولا تقذِفَنَّ فى رُوعِك أنك إنِ آستشرتَ الرجالَ، ظهر للناس منك الحاجةُ إلى رأى غيرك. فانّك لستَ تريد الرأى للآفتخار به، ولكنّما تُريده للآنتفاع به. ولو أنك مع ذلك أردتَ الذكرَ، كان أحسنَ الذكرَيْن وأفضلَهما

(١) الكورة بضم الكاف الصقع. وذلك من التقاسيم الجغرافية القديمة مثل الرستاق في بلاد فارس والمخلاف في بلاد اليمن والجند في بلاد الشام. وكما نقول الآن مديرية، فيما يختص بارض مصر. والكورة لفظة فارسية محتة „أي بحتة“ استعارها العرب كما استعاروا لفظة الاقليم عن الاغارقة. وهى عندهم دليل على كل صقع يشتمل على عدة من القرى التى تنضاف الى قصبة او بندر أو مدينة أو نهر مما يكون اسمه دليلا على الكورة كلها.

عند أهل الفضل والعقل أن يقال: لا يتفرّد برأيه دُونَ آستشارة ذوِي الرأي .

∴

إنك إن تلتمسْ رِضَى جميعِ الناس، تلتمِسْ ما لا يُدْرَكُ .

وكيف يتّفق لك رأي المختلفين ؟ وما حاجَتُكَ إلى رِضَى مَنْ رِضاهُ الجَوْر ، وإلى مُوافَقَةِ مَنْ مُوَافَقَتُهُ الضلالةُ والجهالةُ ؟ فعليك بآلتماس رِضَى الأخيار منهم وذوى العقل. فإنّك متى تُصِبْ ذلك، تَضَعْ عنك مؤونةَ ما سواه .

بَابٌ

لا تُمَكِّنْ أهل البلاء الحَسَن عندك من التدلُّلِ (١) عليك، ولا

(١) التدلل " بالدال المهملة " هو افراط الانسان على اخيه للوثوق بمحبته وميله .

تمكننَّ من سواهم من الاجتراء عليهم والعيب لهم (١) .

∴

لِتعرِفْ رعيتُك أبوابك التي لا يُنال ما عندك من الخير إلا بها، والأبوابَ التي لا يخافك خائفٌ إلا من قِبَلها.

∴

احرصِ الحرصَ كلَّه على أنْ تكون خابراً امورَ عُمّالك. فإنَّ المسيءَ يَفْرَق (٢) من خبرتك قبل أن يُصيبه وَقْعُ عقوبتك؛ وإنّ المُحْسِنَ يستبشر بعلمك قبل أنْ يأتيه معروفُك .

∴

ليَعْرِفِ الناسُ، فيما يعرفون من أخلاقك، أنك لا تُعاجِلُ بالثواب ولا بالعِقاب؛ فإنَّ ذلك هو أدوم لخوف الخائف ورجاء الراجي .

---

(١) يقال عاب له [illegible] "تفسير للأمير شكيب". (٢) يخاف .

بَابُ

عوِّدْ نفسك الصبرَ على مَن خالفك من ذوي النصيحة، والتجرُّعَ لمرارة قولهم وعذلهم؛ ولا تُسهِّلنَّ سبيل ذلك إلا لأهل العقل والسِنّ[1] والمُرُوءة، لِئلا ينتشر من ذلك ما يجتري به سفيهٌ أو يَستَخِفُّ به شانئ[2].

بَابُ

لا تتركَنَّ مباشرةَ جسيمِ أمرك، فيعودَ شأنُك صغيرًا؛ ولا تُلْزِمنَّ نفسك مباشرة الصغير، فيصيرَ الكبيرُ ضائعًا.

∴

واعلمْ أنَّ مالَكَ لا يُغنِي الناسَ كلهم، فاخصُصْ به أهل

---

(١) وفي نسخة: الستر. وقد اخترنا رواية ش.

(٢) أي مبغض.

الحقّ ؛ وأنّ كرامتك لا تُطيق العامّةَ كلها (١) ، فتوخَّ بها أهل الفضل؛ وأنّ قلبك لا يتّسع لكل شيء ، ففرِّغْهُ للمهمّ ؛ وأنّ ليالك ونهارك لا يستوعبان حاجاتِك (وإنْ دأَبتَ فيهما)؛ وأنْ ليس لك إلى إدامة الدأْب فيهما سبيلٌ مع حاجة جسدك إلى نصيبه منهما . فأحْسِنْ قسمتهما بين عملك ودَعَتِك .

∴

واعلمْ أنّ ما شَغَلْتَ من رأْيك بغير المُهمّ أزرَى بك فى المُهمّ ، وما صَرَفْتَ من مالك فى الباطل فَقَدْتَهُ حين تُرِيدُهُ للحقّ ، وما عدلْتَ به من كرامتك إلى أهل النقص أضرَّ بك فى العجز

(١) فى النسخة السلطانية : «كلها» بفتح اللام » فصححناها على حسب ما اقتضاه المقام وانتظام السياق . ولم يرد هذا الحرف فى بقية النسخ .

عن أهل الفضل، وما شغلتَ من ليلك ونهارك فى غير الحاجة أزرى بك عند الحاجة منك إليه .

∴

اِعلمْ أنّ من الناس ناساً كثيرًا يبلغ من أحدهم الغضبُ — إذا غضِب — أن يحمله ذلك على الكُلوح (١) والقُطُوب (٢) فى وجه غيرِ مَن أغضبَه، وسوء اللفظ لمَن لا ذنبَ له، والعقوبةِ لمَن لم يكن يَهمُّ بمعاقبته، وشدَّةِ المعاقبة باللسان واليدِ لمَنْ لم يكن يُرِيد به إلا دُونَ ذلك. ثم يبلغ به الرِضَى — إذا رَضِي — أنْ يتبرعَ بالأمر ذى الخَطَر (٣) لمَنْ ليس بمنزلة ذلك عنده، ويُعطِي مَن لم يكن يُريد إعطاءه، ويُكرِمَ مَنْ لم يُرِد إكرامه ولا حقَّ له ولا مودَّةَ

(١) الكلوح والكلاح ,, بضم الكاف فيهما ‘‘ التكشر في عبوس.
(٢) القطوب هو الجمع بين العينين في حالة الغضب.
(٣) العظيم القدر والقيمة.

عنده .

فاحذر هذا الباب الحذرَ كلَّه ! فإنّه ليس أحدٌ أسوأَ فيه حالاً من أهل السلطان الذين يُفْرِطون باقتدارهم فى غضبهم وبتسرُّعهم فى رضاهم. فانّه لو وُصِفَ بهذه الصفة من يُلْتَبَسُ بعقله أو يَتَخَبَّطُهُ المَسُّ أنْ يُعاقِبَ عند غضبِه غيْرَ مَن أغضبه ويَحْبُو عند رضاه غير مَن أرضاه، لكان جائزًا ذلك فى صِفَتِه .

بَابٌ

اِعلمْ أنَّ المُلْكَ ثلاثةٌ : مُلْكُ دِينٍ ، ومُلْكُ حزم ، ومُلْكُ هَوًى .

فأمَّا مُلْكُ الدِّين فانه إذا أقام للرعية دينَهم ـ وكان دينُهم هو الذى يعطيهم الذى لهم ويُلْحِق بهم الذى عليهم ـ أرضاهم ذلك ،

وأنزل الساخط منهم منزلة الراضى فى الإقرار والتسليم •

وأمّا مُلْكُ الحزم فانه يقوم به الأمر ولا يَسأَمُ من الطعن والتسخُّطِ. ولن يَضُرَّ طعنُ الضعيف مع حزم القويّ •

وأمّا مُلْكُ الهوى فَلَعِبُ ساعةٍ ودمارُ دهرٍ •

بَابٌ

إذا كان سلطانك عند جِدَّةِ (١) دولةٍ ، فرأيتَ أمرًا آستقام بغير رأى ، وأعوانًا أَجزَوْا (٢) بغير نَيْل ، وعملا أَنْجَحَ (٣) بغير حزم ، فلا يَغُرَّنَّك ذلك ولا تَستَأنِسَنَّ إليه . فانّ الأمر الجديد

(١) اي في حالة الظهور والارتفاع.

(٢) اي أغنوا عن غيرهم بدون اجر يقابل عملهم او يعادله.

(٣) نجح يستعمل لما لا يعقل ، فيقال نجحت الحاجة ويقال أيضاً أنجحت وانجحها الله تعالى اي صلحت وصحت . وأما أنجح فان استعماله خاص بمن يعقل بمعنى فاز وادرك غرضه .

رُبَّما يكون له مهابةٌ فى أنفس أقوام وحلاوة فى قلوب الآخرين، فتُعِينُ قومٌ على أنفسهم ويعين قومٌ بما قِبَلَهم . ويستتِبُّ ذلك الأمرُ غيرَ طويلٍ ، ثم تصير الشؤون إلى حقائقها وأصولها .

فما كان من الأمور بُنِيَ على غير أركان وثيقةٍ ولا دعائمَ مُحْكَمةٍ ، أوشكَ أنْ يتداعَى ويتصدَّعَ .

∴

لا تكوننَّ نَزْرَ الكلام والسلام ، ولا تبلُغَنَّ بهما إفراط الهشاشة والبشاشة . فإنَّ إحداهما من الكِبْرِ والأخرى من السُّخْفِ .

بَابٌ

إذا كنتَ إنما تضبط أمورَكَ وتصولُ على عدوِّكَ بقومٍ لستَ منهم على ثقةٍ من دِينٍ ولا رأيٍ ولا حِفَاظٍ من نيّة ،

فلا تفعلْ نافلةً (١) ، حتى تحمِلهم - إن آستطعت - على الرأى والأدب الذي بمثـله تكون الثقـة ، أو تستبدِلَ بهم ، إنْ لم تستطع نقلهم إلى ما تريد. ولا تَغرُنّك قوّتُك بهم على غيرهم. فانّما أنت فى ذلك كراكبِ الأسد الذى يَهَابُهُ مَن نظر إليه، وهو لِمَرْكَبه أهْيَبُ.

بَابُ

ليس للملك أن يَغضَبَ ، لأنَّ القُدرة من وراء حاجته.

وليس له أن يكذِبَ ، لأنه لا يقدِر أحـد على آستكراهه على غير ما يُريد.

(١) النافلة ما يفعله الانسان مما ليس بواجب عليه. ويقابلها عند الفرنساوية "Œuvre Surogatoire" وقد ورد في ش : « فلاتنفعك نافعة »

وليس له أن يبخَلَ ، لأنه أقلُّ الناس عُـذرًا في تخوُّف الفقر .

وليس له أن يكونَ حَقُودًا ، لأنّ خَطَرَه (١) قد عَظُم عن مجازاة كل الناس.

وليس له أن يكون حلافًا . وأحقُّ الناس بآتّقاء الأَيْمان الملوكُ . فانّما يحمِـل الرجلَ على الحَلِف إحدى هذه الخصال :

إمّا مَهانة (٢) يجدها في نفسه ، وضَرَعٌ (٣) وحاجةٌ إلى تصديق الناس إياه ؛

وإمّا عِيٌّ (٤) بالـكلام ، فيجعلُ الأَيْمانَ له حَشْوًا ووصلاً ؛

(١) أي قدره وجاهه .
(٢) المذلة. (٣) الخضوع والاستكانة.
(٤) هو عدم اهتداء الانسان لوجه مراده ، أو عجزه عنه ، أو عدم قدرته على التلفظ للكنة في لسانه.

وإمّا تُهَمَةٌ قد عَرَفها من الناس لحديثه (١) ، فهو يُنْزِل نفسه منزِلةَ مَنْ لا يُقبَل قولُهُ إلا بعد جَهْد اليمين (٢) ؛

وإمّا عبثٌ (٣) بالقول وإرسالٌ لِلّسانِ على غير رَوِيّة ولا حُسْن تقديرٍ ، ولا تعويدٍ له قولَ السَّداد والتثبُّتَ .

بَابٌ

لا عَيْبَ على الملك في تعيُّشــه وتنعُّمه ولَعِبِهِ ولَهْوِهِ ، إذا تعاهد (٤) الجسيم من أمره بنفسه وأحكمَ المهمَّ ، وفوّض مادُونَ

---

(١) أي علمه بأن الناس لا يصدقون حديثه بل يتهمونه فيه.

(٢) أي المبالغة في اليمين . قال تعالى : „جهد أيمانهم“ أي بالغوا في اليمين واجتهدوا.

(٣) أي خلط.

(٤) تعهد الشيء وتعاهده أي تفقده.

ذلك إلى الكُفاة(١) .

∴

كلُّ أحدٍ حقيقٌ – حين ينظر فى أمور الناس – أن يَتَّهِمَ نَظَرَهُ بعينِ الرِّيبة(٢) ، وقلبَه بعينِ المقت(٣) . فانهما يُزَيِّنان الجَوْر ، ويحملان على الباطل ، ويُقَبِّحان الحَسَنَ ، ويُحَسِّنان القبيحَ .

وأحقُّ الناس بآتِّهام نظره بعينِ الرِيبة وعينِ المقتِ السلطانُ الذي ما وقع فى قلبه رَبَا(٤) مع ما يفيض له من تزيين القُرَناء والوزراء .

(١) اي الذين يكفونه ذلك . وهـذا اللفظ جمع ، ومفرده كاف . واما الأكفاء ,, بسكون الكاف وفتح الفاء " فمفرده كفء ومعناه الذي توفرت فيه الكفاءة .

(٢) بكسر الراء اي التهمة والظنة . وهى بمعنى الريب ,, بفتح الراء وسكون الياء ". (٣) البغض .

(٤) اى زاد .

وأحق الناس بإجبار نفسه على العدل في النظر والقول والفعل الوالى الذى ما قال أو فعل، كان أمرًا نافذًا غيرَ مردود .

∴

لِيَعْلم الوالى أنّ الناس يَصِفُون الوُلاة بسُوء العهد ونِسيان الوُدّ . فَلْيُكابِرْ نقضَ قولهم ! ولْيُبْطِل عن نفسه وعن الوُلاة صفاتِ السوء التى يُوصفون بها .

بَابُ

حقُّ الوالى أنْ يتفقَّد لطيفَ أمور رعيته، فضلا عن جسيمها. فان لِلطيف موضعا يَنْتفِع به، وللجسيم موضعا لا يَستغنِي عنه .

∴

لِيتفقدِ الوالى — فيما يتفقد من امور رعيّته — فاقة الأخيار

والأحرار منهم ، فليعملْ في سدِّها ! وطُغْيانَ السَّفَلة منهم ، فليقمعْهُ ! وليَستَوْحِشْ من الكريم الجائع واللئيم الشبعان! فإنّما يَصُولُ الكريمُ إذا جاع، واللئيمُ إذا شبع .

بابٌ

لا ينبغي للوالي أن يحسُد الولاة إلا على حسن التدبير .

ولايحسُدنّ الوالي مَن دونه . فإنّه أقلُّ في ذلك عُذرا من السُّوقة التي إنّما تحسُدُ مَن فوقها .

وكُلٌّ لا عُذْرَ له .

بابٌ

لا يلومَنَّ الوالي على الزَّلَّة مَنْ ليس بمُتَّهَمٍ عنده في الحرص على رضاه ، إلّا لَوْمَ أدَبٍ وتقويم ! ولا يعدِلَنَّ بالمجتهد في رضاه البصيرِ

بما يأتى ، أحدًا !

فإنّهما إذا اجتمعا فى الوزير والصاحب ، نام الوالى واستراح ، وجُلبت إليه حاجاته وإنْ هدَأَ عنها ، وعُمِل له فيها بهمّةٍ وإنْ غَفَلَ عنها .

***

لا يُولعَنّ الوالى بسوء الظّنّ لقول الناس ! وليَجْعلْ لحسن الظّنّ من نفسه نصيبًا موفورًا ، يُرَوِّحُ به عن قلبه ويُصْدِرُ به أعمالَهُ !

***

لا يُضيّعَنّ الوالى التثبُّتَ عندما يقول ، وعند ما يُعطِى ، وعند ما يَعْمَل !

فإنّ الرجوعَ عن الصمت أحسنُ من الرجوع عن الكلام ؛ وإنّ العطيّة بعد المنع أجملُ من المنع بعد الإعطاء ؛ وإن الإقدامَ

على العمل بعد التأنّى فيه أحسنُ من الإمساك عنه بعد الإقدام عليه .

وكلُّ الناس محتاجٌ إلى التثبُّت .

وأحوجُهم إليه ملوكُهم الذين ليس لقولهم وفعلهم دافعٌ ، وليس عليهم مستحِثٌّ .

بابٌ

لِيَعْلم الوالى أنّ من الناس حُرَصاءَ على زِيِّه[1] ، إلا مَن لا بالَ له ! فلْيَكُنْ للدين والبِرّ والمُرُوءة عنده نَفاقٌ ، فيستكسِدُ بذلك الفُجُورَ والدناءةَ فى آفاق الارض !

(١) أي الشبه به في هيئته.

بَابُ

جُمَاع(١) ما يحتاج إليه الوالى من أمر الدنيا رأيان: رأيٌ يُقَوِّى به سلطانَه، ورأيٌ يُزَيِّنه فى الناس.

ورأى القوة أحقّهما بالتبدية وأوْلاهما بالأَثَرَة (٢).

وراى التزيين أحضرهما حلاوةً وأكثرهما أعوانا.

مع أن القوّةَ من الزينة، والزينة من القوّةِ. ولكنّ الأمر يُنْسَب إلى مُعْظَمِه وأصله.

---

(١) ما جمع عدداً فجعله مجموعا. فالمعنى جميع ما يحتاج اليه الوالى الخ. وفي الحديث الشريف: ,,أوتيت جوامع الكلم'' اي القرآن. وأيضاً: ,,كان يتكلم بجوامع الكلم'' اي كان كثير المعاني قليل الالفاظ.

(٢) اي الاختيار والتفضيل.

٢ – صحبة السلطان

بَابٌ

إنِ ٱبْتُلِيتَ بصحبة السلطان، فعليك بطول المواظبة (١) في غير معاتبة، ولا يُحْدِثَنَّ لك الاستئناس به غفلةً ولا تهاونًا.

∴

إذا رأيتَ السلطان يجعلك أخًا فٱجعله أبًا، ثم إن زادك فزِدْهُ.

بَابٌ

إنِ ٱستطعتَ أنْ لا تصحبَ مَنْ صَحِبْتَ مِنَ الوُلاةِ إلا على

(١) ش : المرابطة . الامير شكيب : الرابطة . واهمال الميم سهو من المطبعة .

شُعْبة من قرابة أو مودّة ، فافعلْ . فانْ أخطأك ذلك ، فاعلمْ أنّك إنّما تعمل على السُّخرة .

باب

إنِ استطعتَ أنْ تجعل صُحْبتك امن قد عرفك بصالح مُرُوءتك وصحّة دِينك وسلامة أُمورك قبل ولايته ، فافعلْ .

فانّ الوالى لا عِلْمَ له بالناس إلا ما قد عَلِمَ منهم قبل ولايته . فأما اذا وَلِى ، فكلُّ الناس يأتاه بالتزيُّن والتصنُّع ، وكلُّهم يحتال لأن يُثنِيَ عليه عنده بما ليس فيه . غير أنّ الأنذال والأرذال هم أشدُّ لذلك تصنُّعا وأشدُّ عليه مثابرة وفيه تمحُّلاً .

فلا يمتنع الوالى — وإنْ كان بليغ الرأى والنظر — من أن يَنْزِل عنده كثيرٌ من الأشرار بمنزلة الأخيار ، وكثيرٌ من الخانة (١) بمنزلة

(١) جمع خائن . مثل الخونة والخائنين .

الامنَاء ، وكثيرٌ من الغَدَرَةِ (١) بمنزلة الأوفياء ؛ ويغطى عليه أمرُ كثير من أهل الفضل الذين يصونون أنفسهم عن التمحُّل والتصنُّع .

بَابٌ

إذا عرَفتَ نفسَك من الوالى بمنزلة الثقة ، فاعزلْ عنه كلامَ الملَق ، ولا تُكثِرَنَّ من الدعاء له فى كل كلمة . فانّ ذلك شبيهٌ بالوَحْشة والغُرْبة : إلا أنْ تُكلِّمه على رؤوس الناس ، فلا تألُ (٢) عمّا عظّمَه ووقره .

***

لا يعرِفَنَّكَ الوُلاةُ بالهوَى فى بلدٍ من البُلدان ولا قبيلة من القبائل ، فيُوشِكُ أنْ تحتاجَ فيهما إلى حكاية أو شهادة ، فتُتَّهمَ

(١) اى الغادرين.
(٢) اي لاتقصر تقصيرا.

فى ذلك .

فاذا أردتَ أنْ يُقْبل قولُكَ ، فصحِّحْ رايك ولا تَشُوبَنَّه بشئ من الهوى . فانّ الرأى الصحيح يقبله منك العدوُّ ، والهوَى يردُّه عليك الولَد والصديق .

وأحقُّ مَن احترستَ منه من أنْ يَظُنَّ بك خَلْطَ الرأى بالهوَى ، الولاةُ . فانَّها بمنزلة خديعة وخيانة وكُفرٍ عندهم .

بَابٌ

إنِ ٱبتُليتَ بصُحْبة والٍ لا يُريد صلاح رعيّته ، فٱعلمْ أنك قد خُيِّرتَ بين خَلَّتين ليس منهما خِيارٌ :

إما المَيْلُ مع الوالى على الرعيّة ، وهذا هلاكُ الدِين ؛

وإما المَيْل مع الرعيّة على الوالى ، وهذا هلاكُ الدنيا .

ولا حيلةَ لكَ الا المَوْتُ أو الهَرَبُ .

∴

اِعلمْ أنه لا ينبغى لك ــ وإن كان الوالى غيرَ مَرْضِيِّ السيرة ، إذا عَلِقَتْ حبالُك بحباله ــ إلا المحافظةُ عليه ، إلاّ أنْ تجدَ إلى الفِراق الجميل سبيلا .

∴

تَبَصَّرْ ما فى الوالى من الأخلاق التى تُحِبُّ له والتى تَكْرَهُ ، وماهو عليه من الرأى الذى تَرْضَى له والذى لا تَرْضَى . ثم لا تُكابِرَنَّه بالتحويل له عما يُحِبُّ ويَكْرَهُ إلى ما تُحِبُّ وتَكْرَهُ . فإنّ هذه رياضة صَعْبَة تَحمِلُ على التنائى (١) والقِلَى (٢) .

---

(١) اي التباعد .
(٢) غاية البغض والكراهة .

فإنك قلَّما تقدِرُ على ردِّ رجلٍ عن طريقةٍ هو عليها بالمكابرة والمناقضة ، وإنْ لم يكن ممن يجمَحُ به عزُّ السلطان . ولكنَّك تقدِر على أنْ تُعينه على أحسن رأيه ، وتُسَدِّدَه فيه وتُزَيِّنَهُ ، وتُقَوِّيهِ عليه . فإذا قَوِيَتْ منه المحاسنُ ، كانت هي التي تكفيك المساوِيَ . وإذا آستَحْكَمَتْ منه ناحيةٌ من الصواب ، كان ذلك الصوابُ هو الذي يُبَصِّره مواقعَ الخطإ بألطفَ من تبصيرك وأعدلَ من حُكمك في نفسه . فإنّ الصوابَ يؤَيِّدُ بعضُه بعضاً ، ويدعو بعضه إلى بعض حتّى تستحكمَ لصاحبه الأشياءُ ، ويَظْهَرَ عليها بتحكيم الرأي . فإذا كانت له مكانةٌ من الأَصالة ، آقتلَعَ ذلك الخطأَ كلَّه .

فآحفظْ هذا البابَ واحْكِمْهُ !

بَابُ

لا يكونَنَّ طَلَبُك ما عند الوالي بالمسألة ، ولا تستبطِئْهُ ، وإنْ أبطأَ عنك. ولكنِ اطلُبْ ما قِبَلَهُ بالاستحقاق له ، واستأْنِ به وإن طالت الأناءة منه. فانك إذا استحققتَه ، أتاك عن غير طلب وإن لم تستبطئه ، كان أعجلَ له .

بَابُ

لا تُخبِرَنَّ الوالي أنّ لك له عليه حقاً ، وأنك تعتَدُّ عليه ببلاء. وإنِ استطعتَ أنْ لا ينسى حقَّك وبلاءك ، فافعلْ. وليَكُنْ ما يُذكِّره به من ذلك تجديدك له النصيحةَ والاجتهادَ ، وأنْ لا يزالَ ينظرُ منك إلى آخرٍ يُذكِّره أوّلَ بلائك .

وآعلمْ أن الساطانَ إذا انقطع عنه الآخِرُ، نسى الأوَّل، وأنّ أرحامَهم مقطوعةٌ وحِبالَهم مَصْرومةٌ، إلا عمَّنْ رَضُوا عنه وأغنَى عنهم في يومهم وساعتهم .

∴

إياك أن يقعَ في قلبك تعتُّبٌ على الوالى أو آستزراءٌ له !

فانه أيُّ أثَرٍ وقع فى قلبك، بَدَا فى وجهك، إن كنتَ حليما؛ وبَدَا على لسانك، إن كنت سفيها .

فإنْ لم يَزِدْ ذلك على أنْ يَظهرَ فى وجهك لآمَنِ الناس عندك، فلا تأمَنَنَّ أنْ يَظهرَ ذلك للوالى .

فانّ الناس إلى السلطان بعوْراتِ الإخوان سِرَاعٌ. فاذا ظهر ذلك للوالى، كان قلبُه هو أسرعَ الى التَّعَتُّب والنُّفور والتغيُّر من

قلبك . فمحق (١) ذلك حسناتك الماضية ، وأشرف بك على الهلاك ، وصرت تعرف أمرك مستدبرًا ، وتلتمس مرضاة سلطانك مستصعبًا . ولو شئت ، كنت تركته — باذن الله — راضيا ، وازددت من رضاه دنوًا .

بَاب

إعلم أن أكثر الناس عدوًا جاهدًا (٢) حاضرًا جريئا مواثبًا ، وزيرُ السلطان ذو المكانة عنده . لأنه منفوسٌ (٣) عليه مكانُه كما يُنفَسُ (٤) على السلطان ، ومحسودٌ كما يُحسَدُ . غير

(١) اي ابطل الحسنات الماضية ومحاها وفي ش : محا .

(٢) اي مجدا ومجتهدا في العداوة . ومنه من باب المبالغة قولهم ,,وجهد جاهد''.

(٣) اي يتنافسون للحصول على مكانته . والشيء المنفوس هو الذي تكثر الرغبة فيه .

(٤) أي لايراه المنافسون أهلا له وجديراً به.

أنه يُجْتَرَأُ عليه، ولا يُجْتَرَأُ على السلطان. لِأَنَّ من حاسديه أحيَاءَ (١) السلطان وأقاربَهُ الذين يشاركونه في المَداخل والمَنازل. وهم وغيرُهم من عَدُوِّه حُضورٌ، وليسوا كعدوِّ السلطان النائي عنه والمُكْتَتِمِ منه. وهم لا ينقطع طمعهم من الظَّفَر به، فلا يَغْفُلون عن نَصْب الحبائل له.

فاَعرِفْ هذه الحالَ، والبَسْ لهؤلاء القوم — الذين هم أعداؤك — سلاحَ الصحة والاستقامة، ولُزُومَ المَحَجَّة (٢) فيما تُسِرُّ

(١) أى افراد أسرته وبنو حيه الذين هم واياه من بطن واحد. وقد اردف المؤلف هذه الكلمة بقوله ,, واقاربه " تفسيراً لمراده. والا فان الاحباب لايتقدمون في الذكر على الاقارب. ولذلك عدلت عن متابعة النسخة السلطانية والعثمانية وطبعة الامير شكيب، فلم اعتمد لفظة أحباء بتشديد الباء بمعنى احباب، خصوصاً وقد رأيت الشيخ الشنقيطى ضبط هذه الكلمة بالياء المثناة التحتية بعد وضع علامة السكون على الحاء.

(٢) وردت هذه اللفظة بغير الميم في ش: وفي ع: اى الحجة، ولكن الرواية التى اعتمدناها عن النسخة السلطانية هى افضل واكثر دلالة على المقصود. والسياق يعينها.

وتُعلِنُ. ثم رَوِّحْ عن قلبك حتىّ كأنّك لا عدوَّ لك ولا حاسدَ.

⁂

وإنْ ذَكَرَكَ ذا كرٌ عند السلطان بسوءٍ في وجهك أو في غَيْبَتِك، فلا يَرَيَنَّ السلطان ولا غيرُهُ منك اختلاطا لذلك ولا آغتياظا ولا ضَجَرًا؛ ولا يَقَعَنَّ ذلك في نفسك موقعًا يُكْرِثك (١). فانّه إنْ وقع منك ذلك المَوْقِعَ، أدخل عليك أمورًا مشتَبِهة بالرِّيبَة، مُذَكِّرة لما قال فيك العائبُ. وإن آضطرّكَ الأمرُ في ذلك إلى الجواب، فإيّاكَ وجوابَ الغَضَبِ والآنتقام! وعليك بجواب الحُجّة، في حِلْمٍ ووقار!

ولا تَشُكَّنَّ في أنّ الغَلَبَةَ والقوَّةَ للحليم أبدًا.

---

(١) كرثه الغم يكرثه — "بكسر الراء وبضمها" اشتد عليه كأكرثه.

⁂

لا تتكلَّمَنَّ عند الوالي كلاما أبدًا إلا لعناية ، أو يكونَ جوابًا لشيء سُئلتَ عنه . ولا تحضِرَنَّ عند الوالي كلاما أبدا لا تُعْنَى به ، أو تؤمَّرَ بحضوره .

⁂

ولا تَعُدَّنَّ شتمَ الوالِي شتماً ، ولا إغلاظَهُ إغلاظًا ، فإن ريحَ العِزّة قد تَبْسُطُ اللسان بالغِلظة في غير سُخطٍ ولا باس .

بَابُ

جانِبْ المسخوط عليه والظِّنِينَ (١) به عند السلطان . ولا يجمعنَّك وإياه مجلسٌ ولا منزلٌ ! ولا تُظهِرنّ له عُذرا ، ولا

(١) الظنة بالكسر وتشديد النون المفتوحة التهمة ، والظنين المتهم .

تُثْنِيَنَّ عليه خيراً عند أحد من الناس!

فاذا رأيتَه قد بَلَغَ من الإعتاب(٢) مما سُخِط عليه فيه ما ترجُو أن تُلِينَ له به قلب الوالى، وآستَيْقنتَ أنّ الوالى قد آستيقن بمباعدتك إياه وشدَّتِكَ عليه عند الناس، فضعْ عُـذْره عند الوالى وآعْمَلْ في إرضائِه عنه، فى رفقٍ ولطفٍ.

* *
*

لِيَعلمِ الوالى أنك لا تستنكِفُ عن شيء من خدمته. ولا تَدَعْ مع ذلك أنْ تُقدِّمَ إليه القولَ – على بعض حالاتِ رضاهُ وطيبِ نفسِهِ – فى الآستعفاء من الأعمال التى هى أهلٌ أنْ يَكْرَهَها ذو الدين وذو العقل وذو العِرْض وذو المُرُوءة: من ولايةِ القتل والعذاب وأشباه ذلك.

---

(٢) الاعتاب الرجوع عن الاساءة.

*

إذا أصبتَ الجاهَ والخاصّة عند السلطان، فلا يُحْدِثَنَّ لك ذلك تغيُّرًا على أحد من أهله وأعوانه، ولا آستغناءً عنهم. فإنّك لا تدرى متى ترى أدنى جفوة أو تغيُّرٍ، فتذِلَّ لهم.

وفي تلوُّن الحال عند ذلك من العار ما فيه.

*

لِيكنْ مما تُحْكِمُ من أمرك أنْ لاَ تسارَّ أحدًا من الناس ولا تهمِسَ إليه بشيء تُخفيه عن السلطان أو تُعلنُه. فانّ السِّرَار(١) مما يُخَيِّلُ إلى كل من رآه من ذى سلطان أو غيره أنّه المرادُ به. فيكون ذلك في نفسه حَسِيفةً (٢) ووَغْرًا (٣) وثُقْلاً.

---

(١) اى المسارة بتشديد الراء وهي ان يكلم الرجل صاحبه في اذنه. (٢) الحسيفة العداوة. وفي ش: وع: „الحسيكة“ وفسرها الامير شكيب بالحقد والعداوة. وهى جيدة ايضاً. (٣) الوغر: الحقد والضغن والعداوة والتوقد من الغيظ. ومنه قولهم: وغِرَ صدره وأوغر صدره.

بَابُ

لاَ تَتهاونَنَّ بإرسال الكَذْبَة (١) عند الوالى أو غيره فى الهزل، فإنها تُسرع في إبطال الحقّ وردّ الصدق مما تأتى به .

⁂

تنكَّبْ فيما بينك وبين السلطان، وفيما بينك وبين الإخوان، خُلُقًا قد عَرَفناه فى بعض الوزراء والأعوان وأصحاب الأبّهات (٢) فى ادّعاء الرجلِ ـ عند ما يَظْهَرُ من صاحبه من حُسْن أثر أو صوابِ رأيٍ ـ أنّه هو عمِل في ذلك وأشار به، وإقرارِه بذلك إذا مدحه به مادحٌ. بل (٣) وإن ٱستطعتَ أن تُعرِّف صاحبك

(١) اى المرة الواحدة من قول الكذب.
(٢) الابهة : العظمة. ومن معانيها ايضاً البهجة والكبر والنخوة.
(٣) لم يرد لفظ "بل" في النسخة السلطانية . وهو وارد في ش:

أَنكَ تَنْحَلَهُ صوابَ رأيك - فضلاً عن أن تدَّعِىَ صوابَهُ - وتسنِدَ ذلك إليه وتزَيّنَهُ به، فافعلْ .

فإنّ الذى أنت آخذٌ بذلك أكثرُ مما أنت معْطٍ بأضعافٍ .

بَابٌ

إذا سأل الوالى غيرَك فلا تكونَنَّ أنت المُجيبَ عنه . فإن استلابك الكلامَ خِفَّةٌ بك، واستخفاف منك بالمسؤول وبالسائل .

وما أنت قائلٌ إن قال لك السائلُ : ما إياك سألتُ !

أو قال لك المسؤول عند المسألة يُعادُ (١) له بها : دونك فأجِبْ !

---

(١) اي في حالة اعادة السائل بمسألته على المسؤول الاول، دون التفات الى جوابك .

وإذا لم يقصد السائل في المسألة لرجلٍ واحد وعَمَّ بها جماعة مَن عنده، فلا تُبادِرَنَّ بالجواب، ولا تُسابِقِ الجُلَساء، ولا تُواثِبْ بالكلام مُواثَبَةً. فإنَّ ذلك يجمعُ مع الشَّيْنِ التكلُّفَ والخِفَّةَ.

فإنَّك إذا سبقْتَ القومَ إلى الكلام، صاروا لكلامِكَ خُصَمَاءَ(١) فتعقبوه بالعيْبِ والطَّعْن. وإذا أنتَ لم تعجَلْ بالجواب وخلَّيْتَه للقوم، اعْتَرَضْتَ أقاويلَهم على عَيْنَيْك، ثم تَدَبَّرْتَها وفكَّرْتَ فيما عندَكَ، ثم هيَّأْتَ من تفكيرِكَ ومحاسنِ ما سمِعتَ جوابًا رَضيًا، ثم اسْتَدْبَرْتَ به أقاويلَهم حين تُصيخُ إليكَ الأسماعُ ويهدأُ عنك الخُصُومُ(٢).

وإن لم يَبْلُغْكَ الكلامُ حتى يُكْتَفَى بغيرِكَ، أو ينقطعَ

(١) الخصماء جمع خصيم. وفيه دليل على التشدد في الخصومة والمعارضة والمجادلة واللدد. (٢) الخصوم مفرده خصم بمعنى المحاجج والمجادل والمعارض.

الحديث قبلَ ذلك ، فلا يكونُ من العَيْبِ عندَك ولا من الغَبْنِ في نفسك فَوْتُ مافاتك من الجواب .

فإنَّ صيانةَ القول خيرٌ من سُوءِ وضعِهِ ، وإنَّ كلمةً واحدةً من الصّواب تُصيبُ موضِعَها خيرٌ من مائة كلمة تقولُها في غير فُرَصِها ومواضعها . مع أنَّ كلامَ العَجَلة والبدارِ (١) مُوَكَّلٌ به الزَّلَل وسوء التقدير ، وإنْ ظَنَّ صاحبُه أنَّه قد أتقنَ وأحْكَمَ .

واعلمْ أنَّ هذه الأمور لاتُدْرَك ولا تُمْلَكُ إلا برُحْبِ الذَّرْعِ عند ماقيل ومالم يُقَلْ ، وقِلَّةِ الإعظام لما ظهر من المُرُوءة أولم يَظْهَر ، وسَخاوَةِ النفس عن كثيرٍ من الصّواب ، مَخافةَ الخلافَ ومَخَافَةَ العَجَلَة ومَخافَةَ الحَسَد ومَخَافَةَ المِرَاء .

(١) البدار: المعاجلة والاستباق .

بَابٌ

إذا كلَّمكَ الوالى فأصغِ إلى كلامه . ولا تَشغَلْ طَرْفَك (١) عنه بنظرٍ إلى غيره ، ولا أطْرافَك (٢) بعملٍ ، ولا قلْبَك بحديث نفسٍ .

واحذرْ هذه الخصْلَةَ من نفسك ، وتعاهدْها بجَهْدك .

بَابٌ

أُرْفُقْ بنُظَرائك من وزراء السلطان وأخِلائِهِ ودُخلائِهِ . واتخِذهم إخوانًا ، ولا تتَّخذهم أعداء . ولا تنافِسْهم فى الكَلِمة يتقرَّبون بها أو العمل يُؤْمَرُون به دُونَك .

---

(١) اي عينك التى تنظر بها . (٢) اى جوارحك من الايدي والارجل .

فإنَّما أَنت في ذلك أَحَدُ رَجُلَين:

إمَّا أَن يكونَ عندكَ فَضْلٌ على ما عندَ غيرِكَ، فسوف يبدو ذلك ويُحْتاجُ إليه ويُلْتَمسُ منك، وأنْتَ مُجْمِلٌ (١).

وإمَّا أَنْ لا يكونَ ذلك عندكَ، فما أَنْتَ مُصِيبٌ من حاجتك عند وزراء السلطان بمُقارَبَتِكَ ومُلائَمَتِكَ إيّاهم ومُلايَنَتِك.

وما أنتَ واجدٌ في مُوافَقَتِك إيّاهم ولِينِك لهم من مُوافَقَتِهم إياكَ ولِينِهم لك أَفْضَلُ ممّا أنت مُدْرِكٌ بالمنافسة والمنافرة لهم.

*
* *

لا تجْتَرِئَنَّ على خِلافِ أُصحابِك عند الوالي، ثِقَةً باعترافهم لك ومعرفتِهم بفضلِ رأْيِك.

---

(١) اي محسن فاعل للجميل

فإنَّا قد رأينا الناسَ يعترفون بفضل الرجُل وينقادون له ويتعلّمون منه، وهم أخلياء. فإذا حضروا السلطانَ، لم يَرْضَ أحدٌ منهم أنْ يُقِرَّ لهُ ولا أنْ يكونَ له عليه في الرأي والعلم فضلٌ، فاجترَوْا عليه بالخِلاف والنقضِ.

فإنْ ناقضهم، صار كأحدهم. وليس بواجدٍ في كل حِين سامعًا فَهِمًا أو قاضيًا عدْلاً.

وإنْ ترك مناقضتهم، كان مغلوبَ الرأي مردُودَ القول.

•

إذا أصبتَ عند سلطانٍ لطفَ منزلةٍ لغَناءٍ[1] تجدُه عندك، أو هوًى يكون له فيك، فلا تطمعنَّ كل الطمع، ولا تُزيِّنَنَّ لك نفسُك المزايلة له عن أليفهِ وموضعِ ثقتهِ وسرِّهِ قبلَك، تُريدُ

أَنْ تقلَعهُ وتدخُلَ دونه. فإنّ هذه خَلّة من خلال السَّفَهِ قد يُبتلَى بها الحَازمُ عند الدنوِّ من السلطان حتى يُحدِّثَ الرجلُ منهم نفسَهُ أنْ يكونَ دُونَ الأَهْلِ والوَلد: لفضلٍ يَظنُّه بنفسه أو نقصٍ يَظنُّه بغيره.

ولكلّ رجُلٍ من الملوك أو ذى هيئةٍ من السُّوقَة أليفٌ وأنيسٌ قد عرَفَ رُوحُه رُوحَه وأطلَعَ قلبُه على قلبِهِ. فليستْ عليه مؤونة في تبذّل يتبذّله عنده، أو رأى يستبينُ(١) منه، أو

(١) وردت هذه الكلمة في جميع النسخ هكذا ,,يستنزله'' بمعنى يطلب زلته وسقطه. فيكون المعنى انه لا بأس ولا غبار على الرجل اذا افضى اليه صاحبه برأي وكان في ذلك الرأي سقطة وخطأ فاحش لارتفاع الكلفة بينهما. وفي ذلك مبالغة في الدلالة على الاختصاص والاتصال الذين يمتنع معهما خدوش الملامة او الانتقاد. وقد اشار العلامة المرحوم الشيخ ابراهيم اليازجي بتصحيحها هكذا ,,يستنزله'' ووافقه على ذلك الامير شكيب. على ان التعبير ,,باستنزال الرأي'' ليس من المألوف فضلا عن كونه ليس من الامور التي تدل على التبسط والتبذل وامتناع الكلفة وارتفاع المؤونة. واما النسخ السلطانية فقد وردت فيها الرواية التي اعتمدناها في المتن ,,يستبين له'' وبها يستقيم المعنى وينتظم السياق.

سرٍّ يغشيه إياه حيث أبدت الأنسة وذلك لأنه يستخرج من كلّ واحد منهم ما لم يكن ليظهره منه عند الانقباض والتشدد. ولو التمس ملتمس مثل ذلك عند من يستأنف (١) ملاطفته ومؤانسته ومناسمته (٢) ـ وإن كان ذا فضل فى الرأى وبسطة فى العلم ـ لم يجد عنده مثل ما هو منتفع به ممن هو دون ذلك فى الرأى ممن قد كفى مؤانسته ووقع على طباعه.

لأن الأنسة روح (٣) للقلوب، وأن الوحشة روع (٤)

---

(١) الاستئناف والائتناف معناهما الابتداء . ومن ذلك روضة أنف والكأس الأنف ،، بضم الألف والنون فيهما ،، بمعنى التى لم يرعها أحد . ومن ذلك أيضاً كأس أنف التى لم يشرب بها قبل ذلك كأنه استؤنف شربها أى ابتدىء بشربها لأول مرة . ومن هنا فى عصرنا هذا فقد جرت اللغة القضائية على ان الاستئناف يكون مراجعة الحكم مرة ثانية لفسخه أو إقراره.

(٢) المناسمة مثل المناسمة بمعنى المساررة.

(٣) راحة.

(٤) فزع.

عليها. ولا يَلْتَاطُ (١) بالقلوب إلاّ ما لاَنَ عليها. ومَنِ استقبل الأُنس بالوَحشة، استقبلَ أمرًا ذا مؤُونة (٢).

فإذا كلَّفتْك نفسُك السُّمُوَّ إلى منزلة من وصفتُ لك، فاقْدَعْها (٣) عن ذلك بمعرفة فضل الأليف والأنيس. وإذا حدَّثتْك نفسُك أو غيرُك — ممن لعلَّهُ أنْ يكون عنده فضل في مُرُوءة — أنك أوْلَى بالمنزلةِ عند السلطان من بعض دُخَلائه وثِقاته، فاذكُرِ الذي على السلطان من حقِّ أليفه وثقته وأنيسه في التكرِمة والمكانة والرأْي، والذي يُعينه على ذلك من الرأْي

(١) التاط الشيء بقلبه يلتاط التياطاً لصق به من فرط الحب.
(٢) المؤونة على وزن مفولة من الاين وهو التعب والشدة والثقل على الانسان. واللفظة مشتقة من الأون بمعنى الاعياء كالتعب. هذا واعلم أن الأين معناه التعب والاعياء أيضاً.
(٣) أي فازجرها وامنعها.

الذي يَجِدُه عند الأليف والأنيس مما ليس واجداً عند غيره •

فليكنْ هذا مما تتحفَّظُ فيه على نفسك وتعرِفُ فيه عذر السلطان ورأيه •

والرأيُ لنفسك مِثْلُ ذلك ، إنْ أرادك مُريدٌ على الدخول دون أليفك وأنيسك وموضع ثقتك وسِرِّك وجِدِّك وهزلك •

*

اِعلمْ أنه يكاد يكون لكل رجل غالبةٌ (١) حديثٍ لا يزال يُحدِّثُ به : إمَّا عن بلد من البُلدان أو ضَرْبٍ من ضروب العلم أو صِنفٍ من صنوف الناس أو وجه من وجوه الرَّأي . وعند ما يُغْرَمُ به (٢) الرجل من ذلك ، يبدُو منه السُّخْفُ ويُعرَف منه

(١) هي اللازمة ، في اصطلاح العامة .
(٢) أي يتعلق به غراما وولوعا .

الهوىَ .

فآجتنبْ ذلك فى كل موطنٍ ، ثُمَّ عند السلطان خاصّةً .

بَابُ

لا تَشْكُوَنَّ إلى وزراء السلطان ودُخَلائِهِ ما آطَّلَعتَ عليه من رأى تَكْرَهُهُ له . فإنّك لا تَزِيد على أَنْ تُفطِّنَهم لهواه أوتُقرِّبَهم منه وتُغرِيَهم بِتَزْيِينِ ذلك له والمَيْلِ عليك معه .

بَابُ

اِعلمْ أنَّ الرجُلَ ذا الجاه عند السلطان والخاصّة لا مَحَالَةَ أنْ يَرى من الوالى ما يخالفه من الرّأى فى الناس والأُمور . فاذا آثر أنْ يَكْرَهَ كلَّ ما خالفه ، أوشك أن يمتعِضَ (١) من الجَفْوَة

---

(١) يتكدر ويتنغص.

يراها في المجلس، أو النَّبْوَة في الحاجة، أوالرَّدّ للرأى، أو الإدناء لمن لا يهوَى إدناءه، أو الإقصاء لمن يكْرَهُ إقصاءه.

فاذا وقعت في قلبه الكراهِيَةُ، تغيَّر لذلك وجهُه ورأْيه وكلامه حتى يبدُو ذلك للسلطان وغيرِه. فيكون ذلك لفساد منزلته ومُرُوءته سببًا وداعيًا.

فَذَلِّلْ نفسَك باحتمال ماخالفك من رأى السلطان، وقرِّرْها على أنّ السلطان إنما كان سلطانا لتَتْبَعَهُ في رأيِهِ وهواهُ وأمرِه، ولا تكلِّفْه اتِّباعَك وتغضَبَ من خلافِهِ إياك.

بَابُ

اِعلمْ أنَّ السلطانَ يقبَلُ من الوزراء التبخيلَ (١) ويَعُدُّه

(١) أى مطالبته بالبخل.

منهم شفقةً ونظرًا له ، ويحمدُهم عليه .

فإنْ كان جوادًا وكنتَ مُبَخِّلاً (١) ، شِنْتَ صاحبك بفساد مُرُوءَتِهِ ؛ وإن كنتَ مُسَخِّيًا ، لم تأمَنْ إضرار ذلك بمنزلتك عنده .

فالرأى لك تصحيحُ النصيحة على وجهها ، والتماسُ المخلَص من العيب واللائمة فيما تترك من تبخيل صاحبك بأنْ لا يعرِف منك فيما تدعوه إليه ميلا إلى شيء من هواك ولا طلبا لغير ما ترجو أن يَزِينَهُ وينفَعَهُ .

بَابٌ

لا تكونَنَّ صحبتُك السلطان إلاّ بعد رياضة منك لنفسك

(١) أى تريده على ان يكون بخيلا.

على طاعتهم في المكروه عندك ، وموافقتهم فيما خالفك ، وتقدير الأمور على أهوائهم دون هواك ، وعلى أنْ لَا تكتُمَهم سرَّك ولا تستطيعَ ما كتموك ، وتُخفِيَ ما أطلعوك عليه عن الناس كلهم حتى تحمِيَ (١) نفسك الحديثَ به ، وعلى الاجتهاد في رضاهم ، والتلطُّف لحاجتهم ، والتثبيت لحُجَّتهم ، والتصديق لمقالتهم ، والتزيين لرأيهم ، وعلى قلَّة الامتعاض لما فعلوا إذا أساءوا ، وترك الانتحال لما فعلوا إذا أحسنوا ، وكثرة النَّشْر لمحاسنهم ، وحُسْن السَّتْر لمساويهم ، والمقاربةِ لمن قارَبُوا وإن كانوا بُعَدَاء ، والمباعدة لمن باعدوا وإن كانوا قُرَباء ، والاهتمام بِأمرهم وإنْ لم يهتمُّوا به ، والحفظِ لهم وإن ضيَّعوا ، والذكرِ لهم وإن نَسُوا ، والتخفيفِ عنهم من مؤونتك ، والاحتمال لهم كلَّ

(١) [illegible]

مَؤُونةٍ ، والرضى منهم بالعفو ، وقلَّةِ الرضى من نفسك لهم إلا بالاجتهاد .

إنْ وجدتَ عن السلطان وعن صحبته غنًى ، فأغْنِ عنهما نفسَك ، واعتزلهما جَهْدَك .

فإنَّ من يأخذُ عمل السلطان بحقه ، يُحَلْ بينه وبين لذة الدنيا وعمل الآخرة . ومَنْ لا يأخذْهُ بحقه ، يحتمل الفضيحةَ في الدنيا والوِزْرَ في الآخرة .

بَابٌ

إنّك لا تأمَنُ أَنَفَةَ (١) السلاطين إنْ أعلمتهم ، ولا تأمَنُ عقوبتهم إن كتمتهم ، ولا تأمَنُ سَلْوَتهم (٢) إنْ حدَّثتَهم .

(١) الانف والانفة ،، بفتح الالف والنون فيهما ،، : الاستنكاف .
(٢) السلوة هنا بمعنى الملل والسآمة من الحديث .

إنّك إن لزِمتَهم لم تأْمَنْ تبرُّمَهم (١) بك ، وإنْ زايلتَهم لم تأمَنْ تفقُّدَهم إياك ، وإنِ آستأمرتَهم حملتَ المؤونة عليهم ، وإنْ قطعْتَ الأمور دونهم لم تأمَنْ فيها مخالفتَهم .

إنّك لا تأمَنُ إنْ صدَقْتَهم غضبَهم ، وإنْ كذَبْتَهم سُخْطَهم . وإنْ سخطوا عليك نسيتَ سُخْطَ الله تعالى ، وإنْ رضُوا عنك تكلّفت لرضاهم ما لا تُطيق .

إنْ(٢) كنتَ حافظا إنْ بلَوْكَ (٣) . حذِراً (٤) إنْ قرّبوك ،

(١) أى تضجرهم منك .

(٢) ربما كان الافضل وضع فاء الفصيحة على هذا الحرف . فيقال : فان كنت حافظاً الخ . ليكون ذلك بمثابة افصاح عما اجمله المؤلف في الفقرات الثلاث المتقدمة التي يحذر فيها الناس من مضار صحبة السلطان . هذا وقد وردت تلك الفقرات في النسخة السلطانية كل واحدة في باب على حدته ومنفصلة عن الاخرى . واما بقية النسخ فليس فيها تبويب على الاطلاق . (٣) اختبروا ما عندك . وفي ع : ,, ولوك '' اي قلدوك الولاية . (٤) وفي ش : ,,جلدا '' بفتح الجيم وبسكون اللام اى صبوراً حمولا . وهى رواية لا بأس بها . ولكننا نفضل الرواية التي اعتمدناها في المتن ، عن النسخة السلطانية . لان التقرب من الملوك يستلزم الحذر اكثر من التجلد .

أميناً إن آئتمنوك ، تُعَلِّمُهُم وأنت تُرِيهم أنك تتعلَّم منهم ، وتُؤَدِّبُهُم وكأنهم يؤدِّبونك ، تشكُرهم ولا تكلِّفُهم الشكرَ ، بصيراً بأحوالهم ، مُؤْثِراً لمنافعهم ، ذليلاً إنْ ضاموك (١) ، راضياً إن أسخطوك : وإلاّ فالبُعدَ منهم كلَّ البُعْدِ ! والحَذَرَ منهم كل الحَذَر !

(١) وفي ش : و ع : „ ظلموك ". وهي رواية لا بأس بها.

القسم الثانى

فى معاملة الاصدقاء

باب

ابْذُلْ لصديقك دمك ومالك ، ولمعرفتك (١) رفدك ومحضرك . وللعامة بِشرك وتحننك ، ولعدوك عدلك وإنصافك . واضنن على كل أحد بدينك وعرضك (٢) ، إلا أن تضطر

(١) أي لمعارفك *(Connaissances)* الذين لم تصل درجتهم معك الى درجة الصديق . وقد استعمل ابن المقفع لفظة المعارف ايضاً فيما سيجيء .

(٢) العرض : جانب الرجل الذي يصونه من نفسه وحسبه أن ينتقص ويثلب ، سواء كان فى نفسه أوسلفه أو من يلزمه أمره . أو موضع المدح والذم منه أو ما يفتخر به من حسب وشرف .

إلى بَذْلِ العِرض لوالِدٍ او ولدٍ. فأما الولد فَمَنْ سواه، فلا.

بَابٌ

إنْ سمِعتَ من صاحبك كلاما أو رأيتَ منه رأيا يُعجبُك، فلا تنتحِلْهُ تَزَيُّناً به عند الناس. واكتفِ من التزيُّن بأن تجتنِيَ الصّواب إذا سمِعْتَه، وتنسُبَه إلى صاحبه.

واعلم أَنَّ انتحالك ذلك مَسْخَطَةٌ لصاحبك، وأَنّ فيه مع ذلك عارًا أو سُخْفًا.

فإن بلغ بك ذلك أنْ تُشير برأي الرجُل وتتكلمَ بكلامه، وهو يسمع، جَمَعْتَ مع الظلم قِلةَ الحياء. وهذا من سوء الأدب الفاشي في الناس.

ومن تمام حُسن الخُلُق والأدب في هذا الباب أنْ تَسْخُوَ

نفسك لأخيك ما آنتحلَ من كلامك ورأيك؛ وتنسبَ إليه رأيَهُ وكلامَهُ، وتزينَهُ مع ذلك ما آستطعتَ .

∴

لا يكوننَّ من خُلُقِك أن تبتدىء حديثا ثم تقطعه وتقول: سوف، كأنك رَوَّأْتَ (١) فيه بعد ابتدائك إيّاه . ولتكنْ ترويتُك فيه قبل التفوّه به . فانَّ آحتجان (٢) الحديث بعد افتتاحه سُخْفٌ وغمٌّ .

بَابٌ

أُخزُنْ عقلك وكلامك، إلاّ عند إصابة الموضع . فإنّه ليس

(١) روأ في الامر نظر فيه وتعقبه ولم يعجل بجواب . ومنه : الروئة والروية للتفكر مع التدبر .

(٢) اي حبسه والامتناع عن الاستمرار فيه .

فى كلّ حين يحسُنُ كلُّ صوابٍ . وإنما تمام إصابة الرأى والقول باصابة موضعه . فإن أخطأكَ ذلك ، أدخلتَ المحنةَ على عقلك وقولك ، حتى تأتىَ به فى موضعه . وإن أتيتَ به فى غير موضعه ، أتَيْتَ به وهو لا بَهاءَ ولا طُلاوةَ له .

*
* *

لِيَعْرِفِ العلماءُ ، حين تُجالسهم ، انّك على أنْ تسمَعَ احرصُ منك على أن تقولَ .

*
* *

إن آثرتَ أن تُفاخر أحدا أو تُمازِح مَن تستأنِسَ اليه فى لهْوِ الحديث ، فاجعلْ غايةَ ذلك الجِدّ ، ولا تعتدْ أن تتكلمَ فيه بما كان هزْلا . فاذا بلغَ الجِدّ أو قارَبَهُ فدَعهُ .

ولا تخلِطنَّ بالجِدّ هزْلا ، ولا بالهزْل جِدًّا . فانك إنْ خلَطتَ

بالجِدّ هزلاً سَخّفته ، وإنْ خلَطتَ بالهزل جِدّاً كدّرته .

غير أني قد علِمتُ مَوْطِناً واحداً إنْ قدرتَ أن تستقبلَ فيه الجِدّ بالهزل ، أصبْتَ الرأيَ وظهرْتَ على الأقران : وذلك أنْ يتورّدَك متورّدٌ بالسّفَه والغضب وسوءِ اللفظ فتجيبَه إجابةَ الهازل المداعب ، برُحْبٍ من الذَّرع وطلاقةٍ من الوجه وثباتٍ في المنطق .

*

إنْ رأيتَ صاحبك مع عدوّك ، فلا يُغضبنّك ذلك ، فإنّما هو أحد رجلين :

إنْ كان رجلاً من إخوان الثقة ، فأنفعُ مَواطِنه لك أقربُها من عدوّك : لشرٍّ يكفّه عنك ، ولعورةٍ يسترها منك ، وغائبةٍ يطّلع عليها لك . فأمّا صديقك ، فما أغناك أنْ يحضره ذو

ثقتك !

وإنْ كان رجلاً من غير خاصّة إخوانك، فبأىّ حقّ تقطعه من الناس وتكلّفه أنْ لا يُصاحبَ ولا يجالسَ إلاّ من تهوَى ؟

* * *

تحفَّظْ فى مجلسك وكلامك من التطاول على الأصحاب، وطِبْ نفساً عن كثير ممّا يعرِض لك فيه صوابُ القول والرأْى، مداراةً لأَنْ يظُنَّ أصحابك أنّك إنما تُريد التطاول عليهم .

باب

إذا أقبل إليك مُقبلٌ بِوُدّه فسرّك أنْ لا يُدْبِر عنك، فلا تُنْعِم الإقبالَ عليه والتفتحَ له . فانّ الإنسان طُبِع على ضرائبَ لُؤْم : فمن شأْنِهِ أَنْ يَرحَلَ عمن لصِقَ به، ويلصَقَ بمن رَحَل

عنه ، إلا من حفظ بالأدب نفسه وكابر طبعه .

فتحفَّظْ من هذا فيك وفى غيرك !

بَابُ

لا تُكثِرَنَّ ادِّعاء العلْم فى كلّ ما يعرِض بينك وبين أصحابك .

فانّك من ذلك بين فضيحتَيْن :

إما أن ينازعوك فيما ادّعيْتَ ، فيُهْجَمَ منك على الجهالة والسُّخْف (١) والصَّلَف (٢) ؛

وإما أنْ لا ينازعوك ويُخَلُّوا (٣) فى يديْك ما ادَّعيتَ من

(١) السخف : رقة العقل.
(٢) الصلف : ان يتكلم الانسان بما يكرهه صاحبه أو يتمدح بما ليس عنده.
(٣) من التخلية اى الترك.

الأُمور ، فينكشفَ منك التصنُّع والْمَعْجَزَةُ •

∴

إِستحِ الحياءَ كلَّه من أن تخبر صاحبك أنّك عالمٌ وأنه جاهلٌ : مُصرِّحا أو مُعرِّضا •

وإنِ آستطلتَ على الأَكفاء(١) ، فلا تثِقنَّ منهم بالصفاء •

بابٌ

إِنْ آنَسْتَ من نفسك فضلا ، فتطلَّعَ (٢) منك على أن تذكُرَهُ او تُبدِيَهُ ، فآعلمْ أنَّ ظهوره منك بذلك الوجه يقرِّر لك في قلوب الناس من العيْب أكثرَ مما يقدِّر لك من الفضل •

وآعلمْ أنّك إِنْ صَبَرْتَ ولم تعجَلْ ، ظهر ذلك منك

---

(١) اي المماثلين لك .

(٢) اي تحملك هذا الفضل على ان تطلمه وتظهره وتبرزه.

بالوجه الجميل الحسنِ المعروف عند الناس .

ولا يَخفَيَنَّ عليك أنّ حِرص الرجل على إظهار ما عنده وقِلّة وقاره في ذلك بابٌ من أبواب البخل واللؤم .

إنّ من خير الاعوان على ذلك السخاء والتكرُّم .

بَابٌ

إنْ أردت أن تَلبَسَ ثوب الوقار والجمال وتتحلى بحِليَة المُروءة عند العامّة وتسلك الجَدَدَ(١) الذى لا خَبار(٢) فيه ولا عِثارَ ، فكنْ عالما كجاهل وناطقا كعَيِيّ .

فأمّا العلم فسيزينك ويرشدك ، وأمّا قِلّة ادّعائه فسينفى عنك الحسدَ ، وأما المنطق (إذا احتجت إليه) فستبلغ منه

(١و٢) سبق شرحهما في الأدب الصغير . فليراجع هناك .

حاجتك، وأما الصمت فيُكسبك المحبة والوقار .

* * *

إذا رأيت رجلاً يحدِّث حديثًا قد علمتَه أو يُخبِر خبرًا قد سَمِعتَه، فلا تشاركْه فيه ولا تفتحْه[1] عليه، حرصًا على أن يعلَم الناس أنك قد علمتَه . فإنّ في ذلك، مع سوء الأدب، خفةً وسُخفًا وحسدا وتضييعَ حزمٍ وعُجبًا .

بابٌ

لِيَعْرِفْك إخوانُك - والعامةُ إنِ استطعتَ - أنك إلى ان تفعل ما لا تقول أقربُ منك إلى أن تقول ما لا تفعل .

---

(١) وفي نسخة الشنقيطي: ولا تعبه . وكذلك في ع . وعند الأمير شكيب: ولا تعتبه.

فإنَّ فضلَ القول على الفعل عارٌ وهُجنةٌ ، وفضلَ الفعل على القول زينةٌ .

وأنت حقيقٌ فيما وعدتَ من نفسك أو اخبرتَ به صاحبك من منزلته عندك أن تحتجن (١) بعض ما في نفسك ، إعداداً لفضل الفعل على القول وتحرُّزاً بذلك عن تقصير فعلٍ إن قصّر. وقلّما يكون إلا مقصّراً .

بَابٌ

إحفظ قول الحكيم الذى قال : لِتكنْ غايتُك فيما بينك و بين عدوّك العدلَ ، وفيما بينك و بين صديقك الرضاء .

وذلك أنّ العدوّ خصمٌ تَصْرَعُه بالحجّة وتغلبُه بالحكّام ،

---

(١) تحتجز وتستبقي .

وأنّ الصديق ليس بينك وبينه قاض . فإنّما هو رضاه وحُكمُه (١) .

بَابٌ

اِجعلْ غاية ثقتك في مؤاخاة من تؤاخي ومواصلة من تواصل وطّنْ نفسك على أنه لا سبيل لك إلى قطيعة أخيك، وإن ظهر لك منه ما تكرَه . فإنه ليس كالمملوك الذي تعتِقه إذا شئتَ، أو كالمرأة التي تُطلِّقها اذا شئتَ ، ولكنّه عِرضُك ومُروءتك . فإنّما مُروّة الرجل إخوانه وأخدانه . فإنْ عثَرَ الناس على أنك قطعت رجلا من إخوانك ـ وإن كنت مُعْذِرًا (٢) ـ نزل ذلك عند أكثرهم بمنزلة الخيانة للإخاء والمَلال فيه . وإن أنت مع ذلك

(١) في ع : وإنما هو حكمه ورضاه . وفي ش : فإنما حكمه رضاه . وقد ضبط الشنقيطي حكمه بفتح الحاء والكاف .

(٢) في السلطانية وحدها : معذورًا .

المنزلة وسُكْر الشباب . فانه ليس من هذا شيء إلا هو ريح جِنَّة تَسْلِب العقل وتَذهب بالوقار وتَصْرِف القلبَ والسمعَ والبصرَ واللسان إلى غير المنافع .

بابُ

إعلمْ أنَّ انقباضك عن الناس يُكسِبُك العداوة، وأنَّ تقرُّبك (١) إليهم يكسبك صديق السوء . وسوءة (٢) الأصدقاء أضرُّ من بُغض الاعداء . فإنك إنْ واصلتَ صديق السوء

(١) في ش وع : ,,تفرشك''. ومعناه التبسط . وبينه وبين الانقباض مشاكلة . غير اننا اخترنا لفظة التقرب لقربها من الافهام ولانها هي الواردة في النسخة السلطانية التي اعتمدنا عليها.

(٢) في ش : ,, وفسولة الاصدقاء'' . والفسولة صفة الفسل اي الرذل ,, بسكون الذال'' الذي لامروءة له . ولكن الكلام يدور على صديق السوء ورواتنا أمتن . لان الفسوله لاتقابل البغض .

أعيَتْك جرائرُه ، وإن قطعتَهُ شانَك (١) اسْمُ القطيعة وألْزَمَكَ ذلك مَن يرفع (٢) عيبَك ولا ينشرُ عُذْرَك . فإن المعايب تَنْمِي والمعاذيرَ لا تَنْمِي (٣).

بَابٌ

اِلْبَسْ للناس لباسَيْنِ ليس للعاقل بُدٌّ منهما ، ولا عيشَ ولا مُرُوءَةَ إلا بهما :

لباسَ انقباض واحجاز (٤) من الناس ، تلبَسُهُ للعامّة . فلا

---

(١) اي اوجب لك العيب عند الناس.
(٢) هكذا في جميع النسخ ولعلها تحريف لقوله يذيع .
(٣) كتب الشنقيطي بخطه على هامش هذه القطعة البيتين المشهورين وهما :
احذر عدوك مرة * واحذر صديقك الف مره
فلربما انقلب الصديق فكان أعلم بالمضره
(٤) ش : واحتجاز.

يلقَوْنَك (١) إلا متحفِّظًا متشدِّدًا متحرِّزًا مستعِدًّا؛

ولباسَ انبساط واستئناس، تلبَسُهُ للخاصّة الثقات من أصدقائك. فتلقاهم بذات (٢) صدرك وتُفضِي إليهم بمصون حديثك وتضع عنك مؤونة الحَذَر والتحفُّظ فيما بينك وبينهم.

وأهل هذه الطبقة ـ الذين هم أهلها ـ قليلٌ من قليلٍ حقًّا. لأن ذا الرأي لا يُدخِل أحدا من نفسه هذا المَدْخَلَ إلا بعد الاختبار والتكشُّف والثقة بصدق النصيحة ووفاء العهد (٣).

٭

إعلم أن لسانك أداةٌ مُصْلَتَةٌ (٤)، يتغالب عليه عقلك

(١) ع: ولا تلقين ,, اي بالمبنى للمجهول مع نون التوكيد الثقيلة ".
(٢) ش: وع: بينات.
(٣) ش: وع: العقل.
(٤) ش: وع: أداة مقلبة ,, وضبطها الشنقيطي بالاضافة ".

وغضبك وهواك وجهلك. فكلّ غالب عليه مستمتعٌ به وصارفه في محبته. فإذا غلب عليه عقلك فهو لك، وإن غلب عليه شيء من أشباه ما سمّيتُ لك فهو لعدوك.

فإنِ آستطعتَ أن تحتفظ به وتصونه فلا يكون إلا لك، ولا يستولي عليه أو يشاركك فيه عدوُّك، فَٱفْعَلْ.

* * *

إذا نابَتْ أخاك إحدَى النوائب من زوال نعمة أو نزول بليَّة، فٱعلمْ أنك قد ٱبتُليتَ معه: إما بالمؤاساة فتشاركه في البليَّة، وإما بالخذلان فتحتمل العار ( ).

فٱلتمسِ المَخرَجَ عند أشباه(٢) ذلك، وآثِرْ مُرُوءتك

(١) ش وع: اشتباه.
(٢) كتب الشنقيطي بخطه على هامش هذا الموضع في نسخته ما نصه:
وما منك الصديق ولست منه * اذا لم يغنه شيء غناكا

على ما سواها .

فان نزلت الجائحة التى تأبى نفسك مشاركة أخيك فيها ، فأجمِلْ[١] . فلعلّ الإجمال يسعك ، لقلّة الإجمال في الناس .

بابٌ[٢]

إذا أصاب أخوك فضلَ منزلة أو سلطان فلا تُرِيَنّه أنّ سلطانه قد زادك له وُدًّا ، ولا يعرِفَنّ منك عليه بماضى إخائك تدلُّلاً . وأرِهِ أنّ سلطانه زادك له توقيرًا وإجلالاً من غير أن يقدِر أنْ

---

(١) أي فاصنع جميلا بالاحسان في التسلية له عما أصابه .

(٢) هذا الباب وما يليه لغاية صفحة ورد في نسخة عاشر افندي منقولا عن موضعه اللائق به . فان ابن المقفع يتكلم فيه وفيما يليه عن آداب الاخاء ، ومحلها في هذا القسم الثاني لا في القسم الاول الذي هو خاص بآداب السلاطين والولاة . وقد ترتب على هذا الخرم اضطراب في السياق كما ستراه في حاشيته صفحة

يزيده وُدًّا ولا نُصْحا ، وأنك ترى حقًّا للسلطان التوقيرَ والإجلال . فكُنْ في المداراة له والرفق به كالمؤتنف لما قبله ! ولا تقدّر الأمور فيما بينك وبينه على شيء مما كنت تعرف من أخلاقه ! فإنّ الأخلاقَ مستحيلةٌ(١) مع السلطان . وربما رأينا الرجل المُدِلَّ على السلطان بقِدَمِهِ قد أضرّ به قِدَمُهُ .

بابٌ

لا تعتذرنَّ إلاَّ إلى مَن يُحِبُّ أنْ يجد لك عذرا ، ولا تستعينَنَّ إلا بمن يُحِبُ أنْ يُظفِرَكَ بحاجتك ، ولا تُحدِّثَنَّ إلا مَن يرى حديثك مَغنَماً ، ما لم يغلبْكَ آضطِرارٌ .

---

(١) أي من شأنها التنقل من حال الى حال .

بَابٌ

إذا غَرَسْتَ من المعروف غَرسا وأنفقت عليه نفقةً ، فلا تُضِنَّنَّ في تربية ما غَرستَ واستنمائه ، فتذهبُ النفقة الأولى ضَياعًا (١) .

∴

إذا اعتذر إليك معتذرٌ ، فتلقَّهُ بوجهٍ مُشرقٍ وبِشرٍ ولسان طلْقٍ (٢) إلا أن يكون ممن قطيعته غنيمة .

بَابٌ

اِعلمْ أنّ إخوان الصدق هم خير مكاسب الدنيا . هم

---

(١) فى النسخة السلطانية : عيانا .

وقد كتب الشنقيطى في نسخته على هامش هذا الباب بخطه ما نصه .

عندى حدائق ود غرس انعمكم * قد مسها عطش فليسق من غرسا
تداركوها وفي اغصانها رمق * فلن يعود اخضرار العود ان يبسا

(٢) ش: طليق .

زِينةٌ في الرخاء وعُدَّةٌ في الشدَّة ومعونةٌ على خير المعاش والمعاد. فلا تُفَرِّطَنَّ في اكتسابهم وابتغاء الوُصُلات والأسباب إليهم .

إعلمْ أنك واجدٌ رغبتك من الإخاء عند أقوامٍ قد حالت بينك وبينهم بعض الأُبَّهة التي قد تعترى بعض أهل المروآت فتحجز عنهم كثيرا ممن يرْغب في أمثالهم . فإذا رأيت أحدا من أُولئك قد عثَرَ به الدهر وعرَفْتَ نفسك (١) أنّه ليس عليك في دُنُوِّك منه وابتغائك مودَّته وتواضعك له مَذَلَّةٌ ، فاغتنمْ ذلك منه واعمَلْ فيه .

(١) سقط باقي الكلام هنا في نسخة عاشر افندي فاضطرب المعنى واختل النظام. وقد تداركها الامير شكيب فوضع من عنده لفظة „واقله" تكميلا لخبر الجملة . ولقد احسن والله في ملافاة هذا النقص بما اوصله اليه اجتهاده . واما نسخة الشنقيطي فبقيت على حالها لايفهم الانسان منها شيئاً . والحمد لله الذي وفقنا للعثور على النسخة السلطانية ففيها الكمال. في هذا الموضع كما في كثير غيره.

٭

إذا كانت لك عند أحد صنيعةٌ أو كان لك عليه طَوْلٌ فالتمِسْ إحياء ذلك بإماتته وتعظيمَه بالتصغير له. ولا تقتصرنَّ في قلة المنّ به على أنْ تقول: «لا أذكُرُهُ ولا أصغِي بسمعي إلى مَن يذكره». فان هذا قد يستحي منه بعض من لا يوصف بعقل ولا كَرَم. ولكن احذَرْ أن يكونَ في مجالستك إيّاه وما تُكلّمهُ به أو تستعينهُ عليه أو تُجاريه فيه شيءٌ من الاستطالة. فإنّ الاستطالةَ تهدِم الصنيعة وتُكدّر المعروف.

بابٌ

إحترسْ من سَوْرَة[1] الغضب[2] وسَوْرَة الحَمِيَّة[3] وسَوْرَة

(١) السورة ,, بفتح السين ,, هي الشدة والحدة.
(٢) ضد الحلم ,, بالحاء المهملة ,, كما هو في غير هذا الموضع ضد العلم.
(٣) الانفة والعزة والنعرة.

الحقد وسَوْرة الجهل(١) وأعدِدْ لكلّ شيء من ذلك عُدَّةً تجاهده بها من الحلم والتفكُّر والرويَّة ، وذكر العاقبة وطلب الفضيلة .

واعلمْ أنّك لا تُصيبُ الغَلَبة إلا بالاجتهاد والفضل ، وأنّ قِلَّة الإعدادِ لمدافعة الطبائع المتطلعة هو الاستسلام لها . فانّه ليس أحَدٌ من الناس إلا وفيه من كل طبيعةٍ سوءٌ غريزة . وإنما التفاضل بين الناس فى مغالبة طبائع السوء .

فأمّا أنْ يَسلمَ أحدٌ من أنْ يكون فيه من تلك الغرائز شىءٌ ، فليس فى ذلك مطمعٌ . إلا أنَّ الرجل القويَّ ، إذا كان يَرُدُّها بالقمع لها كلما تطلَّعتْ ، لم يلبَث أنْ يُميتها حتى كأنها ليست فيه . وهى فى ذلك كامنة ككمون النار في العُود والحجَر . فإذا وَجَدَتْ قادحا من علَّة أو غفلة ، استورت(٢) كما تستورى

(١) الجهل هنا هو ضد العلم ,, بالعين المهملة ".
(٢) اي استعرت واتقدت والتهبت .

النار عند القدْح في الحطب ثم لا يبدأ ضرُّها إلا بصاحبها ، كما لا تبـدأ النار إلا بعُودها التي كانت فيـه .

بَابُ

ذلِّلْ نفسك بالصبر على جار السوء ، وعشير السوء ، وجليس السوء ، فإن ذلك مما لا يكاد يُخْطِئك .

واعلم أنّ الصبر صبران : صبر المرء على ما يكرَهُ ، وصبره عما يُحِبّ .

والصبر على المكروه أكبرهما (١) ، وأشبهما أن يكون صاحبه مُضْطَرًّا .

واعلم أنّ اللئام أصبر أجسادًا ، وأن الكرام هم أصبر نفوسًا .

(١) ش : أكثرهما .

وليس الصبر المحمود الممدوح بأنْ يكون جِـلْدُ الرجل وَقاحًا(١) على الضرب، أو رِجلُه قويةً على المشيِ، أو يدُه قويةً على العمل. فإنما هذا من صفات الحمير.

ولكنَّ الصبر المحمود الممدوح أن يكون للنفس غلُوبًا، وللأمور مُحتَمِلاً، وفي الضرّاء مُجمِلاً (٢)، ولنفسه عند الرأى والحِفَاظِ (٣) مرتبطا، وللحزم مُؤْثِرًا، وللهوَى تاركاً، وللمشقّة التى يرجو حسن عاقبتها مستخفًا، ولنفسه على مجاهدة الأهواء والشهوات مُوَطِّنًا (٤)، ولبصيرته بعزمه مُنَفِّذًا.

(١) اي فيه صلابة وكثرة احتمال.
(٢) في النسخة السلطانية: متجملا. ورواية ش افضل.
(٣) الحفاظ هو الذب عن المحارم.
(٤) ش: مواظبا.

حبِّبْ إلى نفسك العلمَ حتى تلزمه وتألفه، ويكون هو لَهْوَكَ ولذّتك وسلْوَتك وتعلُّلَك (١) وشهْوَتك .

واعلم أن العلم علمان : علمٌ للمنافع، وعلمٌ لتذكية العقول .

وأفشى العلمَيْن منفعةً وأحراهما (٢) أنْ ينشط له صاحبُه من غير أن يُحَضَّ عليه علمُ المنافع . والعلمُ الذى هو ذكاء العقول وصِقالها وجَلاؤها له فضيلةُ منزلةٍ عند أهل الفضيلة والألباب .

بابٌ

عوِّدْ نفسك السخاء .

(١) ش : وبلغتك ،، بضم الباء ". والتعلل اوقع في هذا الموضع .
(٢) الامير شكيب : واحداهما . وهو تصحيف من المطبعة ولا شك .

وٱعلمْ أنهما سخاآن : سَخاوةُ نفْس الرجل بما في يديْه ، وسخاوته عما فى أيْدى الناس .

وسَخاوة نفْس الرجل بما فى يديه أكثرهما وأقربهما من أن تدخل فيه المفاخرة . وتركه ما فى أيدى الناس أمحضُ فى التكرُّم وأبرأُ من الدَّنَس وأزه .

فإنْ هو جمعهما فبَذَلَ وعفَّ ، فقد ٱستكمل الجود والكرم .

بَابٌ

ليكنْ مما تصرِف به الأذى والعذاب عن نفسك أنْ لا تكون حسودًا .

وٱعلم أنّ الحسد خُلُقٌ لئيمٌ . ومن لؤمه أنّه موكَّل بالأدنى فالأدنى من الأقارب والأكْفاء والمعارف والخلطاء والإخوان .

فليكن ما تعامل(١) به الحسدَ أن تعلَمَ أن خير ما تكونُ حين تكون مع من هو خير منك ، وأنَّ غُنْماً حسنا لك أن يكون عشيرك وخليطك أفضلَ منك فى العلم فتقتبسَ من علمه ، وأفضلَ منك فى القوّة فيدفعَ عنك بقوّته ، وأفضلَ منك فى المال فتفيدَ(٢) من ماله ، وأفضلَ منك فى الجاه فتُصيبَ حاجتك بجاهه ، وأفضلَ منك فى الدين فتزدادَ صلاحا بصلاحه .

بَابٌ

ليكنْ مما تنظر فيه من أمر عدوّك وحاسدك أن تعلم أنه لا ينفعك أنْ تخبر عدوّك وحاسدك أنّك له عدوٌّ ، فتنذرُهُ بنفسك

(١) ش : تقابل .
(٢) أفاده واستفاده وتفيده بمعنى واحد وهو اقتناه .

وتُؤْذِنُهُ بحربك قبل الإعداد والفرصة. فتحمله على التسلّح لك وتُوقِدُ ناره عليك.

⁂

اعلم أنّه أعظمُ لخطرك أنْ يرى عدوّك أنّك لا تتّخذه عدوًّا. فإنّ ذلك غِرَّةٌ له وسبيلٌ لك إلى القدرة عليه. فإنْ أنت قدرت واستطعت اغتفارَ العداوة عن أن تكافىء بها، فهنالك استكملتَ عظيمَ الخطر.

⁂

إنْ كنتَ مُكافئًا بالعداوة والضرر، فإيّاك أنْ تكافىء عداوة السرّ بعداوة العلانيَة، وعداوةَ الخاصّة بعداوة العامّة. فإنَّ ذلك هو الظلم والاعتداء.

واعلم مع ذلك أنّه ليس كل العداوة والضرر يكافأ بمثله.

كالخيانة لا تكافأ بالخيانة ، والسَّرِقة لا تكافأ بالسرقة .

ومن الحيلة فى أمرك أن تصادق أصدقاءه وتؤاخى إخوانه ، فتدخل بينه وبينهم فى سبيل الشقاق والتلاحى والتجافى حتى ينتهى ذلك بهم إلى القطيعة والعداوة له . فإنّه ليس رجلٌ ذو ظَرْف يمتنع من مؤاخاتك إذا ٱلتمستَ ذلك منه . وإن كان إخوان عدوّك غير ذوى ظرف (١) ، فلا عدوّ لك .

بَابٌ

لا تَدَعْ — مع السكوت عن شَتْمِ عدوّك — إحصاءَ مثالبه ومعايبه ومعايره وٱتّباعَ عوراتِه ، حتى لا يشُذَّ عنك من ذلك صغير ولا كبير ، من غير أَنْ تشيع ذلك عليه ، فيتسلَّحَ له ويستعدَّ له . ولا تذكره

في غير موضعه ، فتكون كمستعرض الهواء بِنَبْلِهِ[١] قبل إمكان الرمي .

∴

لا تتخذنّ اللعن والشتم على عدوّك سلاحا ، فانه لا يجرح في نفسٍ ولا منزلةٍ ولا مالٍ ولا دينٍ .

بَابٌ

إنْ أردت أن تكون داهيا ، فلا تُحِبَّنَّ أن تسمَّى داهيا . فإنّه من عُرِف بالدّهاء ، صار مخاتلا علانيةً ، وحذِرَهُ النـاس[٢] حتى يمتنع منه الضعيف ويتعرَّض له القويُّ .

---

(١) النبل ,, بفتح النون وسكون الباء الموحد التحتية ‟ هي السهام ، مثل النبال .

(٢) اي احترزوا منه .

فإنَّ من إرْب (١) الأريب دَفنُ (٢) إرْبه ما آستطاع حتَّى يُعْرَف بالمسامحة فى الخليقة والآستقامة فى الطريقة .

ومن إرْبه أنْ لا يوارب العاقل المستقيم الطريقــة والذى يطلع على غامض أَرَبه ويوقفه عليه ؛ فيمْقُتَه لذلك .

وإنْ أردتَ السلامة فأشعِرْ نفسك الهيْبة (٣) الأمور ، من غير أنْ تظهِرَ الناس منك الهيْبةُ ، فتُفطِّنَهم بنفسك وتجرِّئهم عليك وتدعو إليك منهم كلَّ الذى تهاب .

فآشعَبْ (٤) لمداراة ذلك من كتمان الهيْبة وإظهار الجرْأة (٥) والتهاون (٦) طائفةً من رأيك .

---

(١) الارب « بكسر الهمزة » الدهاء (٢) اي ستره واراته .
(٣) الهيبة المخافة والتقية .
(٤) أي فاجمع . والمفعول هو قوله في آخر الجملة : طائفة من رأيك .
(٥) الشجاعه والاقدام .
(٦) الاستسهال والاستخفاف .

وإنِ ابتُليتَ بمحاربة عدوك فحاذر(١) هذه الطريقة التي وصفتُ لك من إستشعار الهيبة وإظهار الجُرْأة والتهوّن. وعليك بالحِذر والجِدّ في أمرك والجُرْأة في قلبك، حتى تملأ قلبَك الجرأةُ ويستفرغَ سمالك الحِذرَ.

بَابٌ

إعلمْ أنّ من عدوّك من يعمَل في هلاكك. ومنهم من يعمل في مُصالحتك، ومنهم من يعمل في البعد منك.

فاعرفهم على منازلهم.

ومن أقوى القوّة لك على عدوّك. وأعز أنصارك في الغَلَبَة له أنْ تُحصيَ على نفسك العيوبَ والعوراتِ كما(٢) تحصيها على

(١) في النسخة السلطانية: فخالف ,, بالمعجمه''.
(٢) ش: كلما، وهو وهم من الناسخ الاول.

عدوك ، وتنظر عند كل عيب تراه أو تسمعه لأحد من الناس هل قارفت (١) ذلك العيب أو شيئاً منه ، أو لمت منه .

فإن كنت قارفت شيئاً منه ، جعلته مما تحصي على نفسك . حتى إذا أحصيت ذلك كله ، فكاثر (٢) عدوك بإصلاح نفسك ومساوئك ، وتحصين عوراتك وإحراز مقاتلك .

وخذ نفسك بذلك ممسياً ومصبحاً .

فإذا آنست منها (٣) دونه ... وتراوناً ... فاعدد نفسك ... ضعفاً ... خشية (٥) ... (٦) ... ممكناً ... من

(١) أي أتيت مثله وارتكبته .

(٢) ش : وكابره .

(٣) أي أبصرت وأحسست من الملك .

(٤) الضعيف في كلامي ... يورد في ... الإنسان عيوبه .

(٥) ش : حانياً . والتصحيف من الناسخ ... إذ لا يستقيم المعنى في هذا الكلام ... بالخيانة ... عليه ... .

(٦) من عورات ... إذا بد ... فيه ... قرب .

رميك .

وإنْ حصل من عيوبك وعوْراتك ما لا تقدِر على إصلاحه من ذنبٍ مضى لك أو أمرٍ يَعيبُك عند الناس ولا تراه أنت عيْباً، فاحفظ ذاك واجعله نُصْبَ عينك(١) ولا تقل: وما عسى يقول فيّ القائل؟ فاعلم أنّ عدوّك مُريدُك بذلك. فلا تغفل عن التهيُّؤ له بحيلتك فيه سرًّا وعلانيةً ، وعن الإعداد لقوّتك وحُجتك من نسبك ومثالب آبائك أو عيب إخوانك وأخدانك .

فأما الباطل فلا ترُوعنّ به قلبك ولا تستعِدّنّ له ولا تشتغلنّ بشيء من أمره. فإنّه لا يَهُولك ما لم يقع ، وما إنْ وقع اضمحلّ .

(١) أي الغاية التي يتجه اليها نظرك.

أشدُّ تناقضاً [illegible] في [illegible]

ومن [illegible] أن [illegible]

المرأة [illegible] في [illegible] أحسن

وجه [illegible]

[illegible]

[illegible]

[illegible]

---

(١) [illegible]

(٢) [illegible]

وهـذا الخزي والشقاء والسفه .

ومن لم [illegible] عن الطعام والشراب

والنساء في بعض [illegible] شهوته [illegible] أيسر ما يصيبه

[illegible] شهوته ونعف

[illegible] في أمر جسده

عن [illegible] مروءته عند

لأهل الشهوات ، وفي [illegible] والشبهة والطمع .

باب [illegible]

[illegible] في كل

[illegible] الناس [illegible]

صاحبه عدلاً يقضي به على نفسه ، فقد أصاب وجه أمره . وإذا تكلم على غير ذلك كان ممارياً .

...

إن استطعتَ أن لا تُخبِرَ أخاك عن ذات نفسك بشيء إلا وأنت مُحتَجِنٌ (١) عنه بعضَ ذلك التماساً لفضل الفعل على القول واستعداداً لتقصير فعل إن قصَّر ففعل .

واعلم أنّ فضلَ الفعل على القول زينةٌ ، وفضلَ القول على الفعل هُجْنَةٌ (٢) وان إحكام هذه الخَلَّة (٣) من غرائب الخلال .

(١) الاحتجان الجذب الى النفس ، ,, هذا التفسير وارد في متن نسخة نور عثمانية ، بغير فاصل وبدون تنبيه " .

(٢) عيب .

(٣) الخلة الخصلة ، ,, بفتح الخاء فيهما " .

٭

إذا تراكمتْ عليك الأعمال ، فلا تلتمسِ الرَّوْح [١] في مدافعتها يومًا بيومٍ والرَّوغان منها . فانَّه لاراحةَ لك إلا في إصدارها . وإنَّ الصبر عليها هو الذي يخفِّفها عنك ، والضَّجَرَ هو الذي يراكمها عليك .

فتعهَّدْ من ذلك في نفسك خصلة قد رأيتُها تعترى بعض أصحاب الأعمال . وذلك أن الرجل يكون في أمرٍ من أمره فَيَرِدُ عليه شغلٌ آخرُ أو يأتيه شاغلٌ من الناس يكره إتيانَه [٢] ، فيكدِّرُ ذلك بنفسه تكديرا يُفسِدُ ما كان فيه وما ورد عليه ، حتى لا يُحْكِمَ واحداً منهما . فاذا ورد عليك مثلُ ذلك ، فليكنْ معك

(١) اى الراحة .
(٢) ش : تأخيره .

[illegible] الأمور [illegible] أولى

الأمر [illegible] منه [illegible]

[illegible]

[illegible]

[illegible]

[illegible]

[illegible]

[illegible]

[illegible] السلالة غم [illegible] ،

[illegible] تعلمت أن لا

[illegible] فعلا .

[illegible] صحة

(١) [illegible] هذا [illegible]
[illegible]
ورواية [illegible] وملائم لتدمة
[illegible] .

(٢) [illegible] رواية وجيهة

شدة الحرص على الإخبار [illegible] فما أكثر
الناس من يحدث [illegible] فذلك مفسدة
الصدق [illegible]

[illegible] مصدق
[illegible]

[illegible]

[illegible]

اِعلمْ أنّك ستُبلى من أقوامٍ بسفهٍ، وأنّ سفهَ السفيه سيُطلِعُ له منك حقدًا. فإنْ عارضتَهُ أو كافأْتَه بالسَّفَهِ فكأنّك قد رضيتَ ما أتى به، فأَحببتَ أن تحتذيَ على مثاله. فإنْ كان ذلك عندك مذموما، فحقِّق ذمك إيّاه بترك معارضته. فأمّا أنْ تذُمَّه وتمتثلَهُ، فليس ذلك لك سَدادُ.

لا تُصاحِبنَّ أحدا (وإن استأنستَ به أخًا ذا قرابة أو أخًا ذا مودّة) ولا والدا ولا ولدا إلا بمُرُوءة. فإنّ كثيرا من أهل المرُوءة قد يحملهم مروءتهم والاسترسال والبذل على أن يصحَبوا كثيرا من الخلطاء بالإدلال والهون والتبذل.

ومَن فقَدَ من صاحبه صُحبة المروءة ووقارَها وجلالَها، أحدثَ

ذلك له فى قلبه رِقَّة شأن وسُخف منزلة .

بَابُ

لا تلتمس غَلَبَةَ صاحبك والظَّفَرَ عليه عند كلِّ كلمةٍ ورأيٍ ، ولا تجترئن على تقريعه وتبكيته بظَفَرك إذا استبان، وحجَّتك عليه إذا وَضَحَت .

فإنّ أقواما قد يحملهم حُبُّ الغَلَبَة وسَفَهُ الرأى فى ذلك على أن يتعقَّبوا الكلمة بعد ما تُنْسى فيلتمسوا فيها الحجَّة ، ثم يستطيلون بها على الأصحاب. وذلك ضَعْفٌ فى العقل ولُؤْمٌ فى الأخلاق .

بَابُ

لا يُعجبنَّك إكرام مَن يكرمك لمنزلةٍ أو سلطانٍ فإنَّ

السلطان أوشكُ أمورِ الدنيا زوالاً . ولا يَعجبنَّك إكرامُ مَن يكرمك للمال ، فإنّه هو الذي يتلو السلطان في سرعة الزوال . ولا يُعجبنَّك إكرامهم إياك للنسب . فإنّ الأنساب أقلُّ مناقب الخير غَناءً عن أهلها في الدين والدنيا .

ولكنْ إذا أكرموك على الدين والمروءة ، فذلك فليُعجبْك ؛ فإنّ المروءة لا تزايلك في الدنيا ، والدين لا يزايلك في الآخرة .

(١) [illegible]

بَابُ

اِعلمْ أنّ الجبنَ مقتلةٌ وأن الحرص مَحْرَمَة (١).

(١) كتب الشنقيطى بخطه على هامش هذا الموضع من نسخته ما نصه :
فى المتنبى :

عِشْ عزيزًا أو مُتْ وأنت كريمٌ تحت ظلّ القنا وخفْق البُنودِ
فرؤوس الرماح أذهبُ للغيـظ وأشفى لغلّ الحَسودِ
لا كما قد حَييتَ غير حميدٍ وإذا مِتّ مِتّ غير فقيدِ
فاَطلب العزّ فى لظىَ واترك الذُّل ولو كان فى جِنان الخُلودِ
يُقتَل العاجزُ الجبانُ وقد يَعجِزُ عن قطع بُخْنُق المولود

وفى المتنبى :

وإذا لم يكنْ من الموت بُدٌّ فمن العَجْز أن تموت جبانا

لعمرك ما الانسان إلا ابنُ دِينه فلا تترك التقوى اتّكالاً على النسبْ
فقد رَفَعَ الإسلامُ سَلْمانَ فارسٍ وقد وضع الشركُ الشريفَ أبا لَهبْ

فانظر فيما رأيتَ أو سمِعت أمَنْ قُتِل في القتال مُقبِلاً أكثرُ، أمَّنْ قُتِل مُدْبِرا؛ وانظر أمَنْ يطلب إليك بالإجمال والتكرُم أحقُّ أن تسخُوَ نفسك له بطَلِبَتِهِ أمَّن يطلب إليك بالشِّرَّة (١) والزيغ (٢)؟

بَابٌ

اِعلمْ إنّه ليس كلُّ مَن كان لك فيه هوىً، فذَكَرَهُ ذا كِرٌ بسوءٍ وذكرتَه أنت بخير، ينفعه ذلك. بل عسى أنْ يضُرَّه.

فلا يستخفنَّك ذِكرُ أحدٍ من صديقك أو عدوّك، إلا في مواضع دفعٍ أو محاماة. فإنّ صديقك - إذا وثق بك في مواطن المحاماة - لم يحفِلْ بما تركتَ مما سِوى ذلك، ولم يكن له

(١) في النسخة السلطانية: "بالشر" والمعنى واحد.
(٢) الجور عن الحق.

فاعرف هذا وشبهه واحترس منه كله .

[illegible]

إذا عرض [illegible] أصوب ، فانظر أيهما أقرب [illegible] في خلاف الهوى .

[illegible]

أيجتمع في [illegible] الاستغناء [illegible] !

وليكن افتقار [illegible] في [illegible] وحشة [illegible] بهم !

ويكون استغناؤك عنهم في [illegible] .

[illegible]

لا تحال [illegible] فإذا [illegible] لقاء الجاهل

بعلمه، وإلحافي بالمثه ، ولعي بتبيان ، لم تزد على أن تغضب عليك وتؤذي حسيسك ، بحملك عليه ثقل ما لا يعرف وغمك إياه بمثل ما يغمّ به الرجل الفصيح من مخاطبة (١) الأعجم (٢) الذي لا يفقه عنه .

واعلم أنه ليس من علم تذكره عند غير أهله إلا عابوه (٣) ونصبوا له ونقضوه عليك وأبغضوك عليه ، وحرصوا على أن يجعلوه جهلاً ، حتى إن كثيراً من اللهو واللعب الذي هو أخف الأشياء على الناس لتحضره من لا يعرفه ، فيثقل عليه ويغتم به .

باب

ليعلم ... ثقلت عليه وعلى أصحابه (٤) ... إن

(١) ... مخالطة .

(٢) في ... : لاعجم .

(٣) في ... : عادوه .

(٤) في ش ع : ليعلم ... عن صاحبه . (والمعنى متعطف ...)

عاشرك آمروءٌ أو رافقك، أنْ يَرَى منك الوُلوعَ بأحَدٍ من أصحابه وإخوانه وأخدانه! فإنّ ذلك يأخُذُ من أعِنةِ القلوب مأخَذًا. وإنَّ لُطْفَك بصاحبِ صاحبِك أحْسَنُ عنده موقِعًا من لُطْفِك به في نفسه.

بابٌ

اتّقِ الفَرَحَ عند المحزون! وآعْلَمْ انه يَحْقِدُ على المُنطَلِق ويشكُرُ للمُكْتَئِب.

∴

إعلمْ أنّك ستسمَعُ من جُلسائك الرأيَ والحديثَ تُنْكِرُهُ وتستسخِفُهُ(١) وتستشنعه من المتحدِّث به عن نفسه أو عن غيره، فلا

---

(١) في ش، ع: وتستجفيه. وبقية الكلام تؤيد روايتنا.

[illegible] مما يأتى به جليسك . ولا [illegible] عن غيره . فإنّ كلّ [illegible] فى القوم من يكره أن [illegible] أن يعقد عليه او مضرّة [illegible] ذلك فى [illegible]

[illegible]

باب [illegible]

[illegible] بحسنى ا.

فإنّ [illegible] (١) سخمة الوغر. (٢)

(١) [illegible]

(٢) [illegible]

بَابٌ

اِعْلَمْ أَنَّ خَفْضَ الصوت وسكونَ الريح ومشْيَ القَصْد من دواعي المودَّة ، اذا لم يخالط ذاك بأْوٌ (١) ولا عُجْبٌ . والعُجْب من دواعي المَقْتِ والشَّنآن (٢) .

بَابٌ

تعلَّمْ حُسْنَ الاَستماع كما تتعلَّمُ حسن الكلام . ومن حسن الاَستماع إمهالُ المتكلِّمِ حتى يقضي حديثَه ، وقِلَّةُ التلفُّتِ إلى الجواب ، والإقبالُ بالوجهِ والنظرِ إلى المتكلمِ ، والوعْيُ لما يقول .

---

(١) البأو هو الفخر والتكبر والتيه .

(٢) البغض .

... يكسب ، وفى الرأى بأس يصمون .

... (١) . لأن أمور الدنيا ليس شىء منها بثقة ،

... الحزم إلا وقد يدرك العاجز .

... لعجزه فإذا تنازعت صاحبك

... على ما كنت تعمل ، فلا تجعل

... لوماً وعذلا ، بأن تقول : أنت فعلت

... ولولا أنت ... أفعل ، ولا جرم لا

... وأنت ... فى ... وخفة .

(١) ... ثقة . ومنه بيت الغرور مثل يوم السمك فى

فإنْ كنتَ أنتَ المشير [illegible] فعمل [illegible] فبدا [illegible]

فلا تَمْنُنْ(١) به ، ولا تُكْثِرَنَّ ذِكْرَهُ [illegible] ، ولا تلُمْه [illegible]

إنْ كان قد [illegible] في [illegible] : ألم [illegible]

لك : اِفعلْ هذا . فإنَّ [illegible] .

باب

اِعلمْ [illegible] أنّ [illegible]

يأتي به ، ويذهب بطعمه وبهجته [illegible](٢) [illegible]

بذلك وقطعُه حديثَ الرجال قبل [illegible] .

باب

ومن الأخلاق السيئة على كل حال [illegible] الرجل على

(١) ق ش [illegible] : فلا تمتنَّ (٢) [illegible]

باب

اعلم أن بعض شدة الحذر عون عليك لما تحذره، وأن بعض شدة الاتقاء مما يدعو إليك ما تتقي.

باب

إن رأيت نفسك تصاغرت إليها الدنيا، أو دعتك إلى الزهادة فيها على حال تعذر من الدنيا عليك، فلا يغرنك ذلك من نفسك على تلك الحال. فإنها ليست بزهادة ولكنها ضجر، واستخذاء[1] وتغير النفس[2] عليها عندما أعجزك من الدنيا، وغضب منك عليها لما التوى عليك منها. ولو تممت على رفضها

(١) الاستكانة والخضوع.

(٢) في ش ع: وتغير نفس.

وأمسكتَ عن طلبها، أوشكتَ أن ترى من نفسك من الضجر والجزع أشدَّ من ضجرك الأول بأضعاف. ولكن إذا دعتك نفسك إلى وصل الدنيا وهي مقبلة عليك، فأسرع إجابتها.

باب

[illegible] تعرّض بأحد في مضارعها (١)!

[illegible] ولا [illegible] عنه مناضلة المدافع عن [illegible] ولا تُلق كلّ [illegible] في غير [illegible] (٢)، فإن الاحتلاط

---

(١) في [illegible] من الحقيقة حينما [illegible]

(٢) [illegible] وهو [illegible] في الغضب [illegible] في [illegible] دون سائر النسخ [illegible] وهو تصحيف ظاهر.

من محتقرات الرِّيَبِ .

بَابٌ

اذا كنتَ فى جماعةِ قومٍ أبدًا ، فلا تعمَّنَّ جيلاً من الناس أو أمَّةً من الأمم بشتمٍ ولا ذمٍّ . فإنك لا تدرى لعلك تتناول بعض أعراض جلسائك مخطئًا[(١)] ، فلا تأمَنْ مكافأتَهم ؛ أو متعمِّدًا ، فتُنْسَبُ إلى السَّفَهِ . ولا تذُمَّنَّ مع ذلك اسمًا من أسماء الرجال أو النساء بأنْ تقول : إنَّ هذا لقبيحٌ من الأسماء ؛ فإنك لا تدرى لعل ذلك غير موافق لبعض جلسائك ، ولعله يكون بعض أسماء الاهلين والحُرَم[(٢)] . ولا تستصغِرَنَّ من هذا شيئا . فكلُّ ذلك يجرحُ فى القلب . وجرحُ اللِّسانِ أشدُّ من جرحِ اليدِ .

(١) في ش ع : „ ولا تعلم " بدلا من „ مخطئ ". والجملة التالية ساقطة.

(٢) هذه الجملة ينقصها كلمات كثيرة في ش ع بحيث [illegible] مختلطة لا تؤدى الى معنى ما يخالف سياق الكلام وانتظام الفكر .

∴

[illegible] الناس يخدعون [illegible] بتعريض [illegible] موقع بالرجل [illegible] من [illegible] وكل ذلك [illegible] عند [illegible] من [illegible] . فلا [illegible] من ذلك في غرور ، ولا [illegible]

باب

[illegible] لا [illegible] يسمى [illegible] فقال [illegible] ولا [illegible] ، فإن هذا هو [illegible] لا [illegible] قدره ،

(١) [illegible]

باب

قد رأينا من سوء المجالسة أن الرجل تثقل عليه النعمة يراها بصاحبه. فيكون ما يشتفي بصاحبه — في تصغير أمره وتكدير النعمة عليه — أن يذكر الزوال والفناء والدول، كأنه واعظ وقاص. فلا يخفى ذلك على من يعني به، ولا غيره. ولا ينزل قوله بمنزلة الموعظة والإبلاغ، ولكن بمنزلة الضجر من النعمة — إذ رآها لغيره — والاغتمام بها والاستراحة إلى غير روح.

٭

إني مخبرك عن صاحب لي، كان من أعظم الناس في عيني. وكان رأس ما أعظمه في عيني صغر الدنيا في عينه. كان خارجاً

بطنه فلا يشتهي ما لا يجد ولا يكثر إذا وجد ؛ وكان
[illegible] فلا يدعو إليه ريبة(١) ولا يستخف له رأياً
ولا [illegible] لسانه ولا يقول ما لا يعلم ولا
[illegible] فلا يقدم أبداً إلا
على [illegible] دهره صامتاً ، فإذا نطق بذ [illegible].
[illegible] مستضعفاً ، فإذا جاء الجد كان كالليث عادياً .
[illegible] ولا يدلي بحجة ،
[illegible] وكان لا يلوم أحداً على
[illegible] حتى يعلم [illegible]. وكان لا يشكو
[illegible] صاحباً إلا
[illegible] ولا يتشكى ،

ولا يشكى. وكان لا يتبرم من الزمن، ولا يغفل عن العدو. ولا يخص نفسه دون إخوانه بشىء من اهتمامه وحيلته وقوته.

فعليك بهذه الأخلاق إن أطقت، ولن تطيق. ولكن أخذ القليل خير من ترك الجميع[1].

*

اعلم أن خير طبقات أهل الدنيا طبقة أصفها لك: من لم يرتفع عن الوضيع ولم يتضع عن الرفيع.

تم الكتاب

(١) تضمنت النسخة المطبوعة بعد هذا (أى هذا الموضع) فقرة واردة فى „الأدب الصغير" (ص ٣٠ و٣١) بزيادة ونقص فى اللفظ دون المعنى. فلم نر وجهاً لتكرارها هنا.

استدراكات

١) وضعنا فى المتن فى س ٤ ص ١ كلمة "اختياراً" مجاراة للنسخة السلطانية، ووضعنا فى الحاشية كلمة (اختباراً) الواردة فى النسخ الاخرى. ولعل الاصوب ان نعكس ذلك لان طول العمر هو علة التجربة والاختبار.

٢) فى صفحة ٥٣ تحت رقم (٢) شرحنا كلمة "موءونة". وقد وردت فى مواضع كثيرة من الكتاب. والافضل ان يكون عند اول ورودها فى صفحة ٧ س ٥.

٣) أضف الى الحاشية رقم (١) فى صفحة ٩ ما يأتى: «على ان كلمة العجب لا بأس بها، اذ العجب يكون مما لا يليق ولا يجدر، وهو مما يُستنكَر عادة. وهو بمعنى العيب تقريبا.»

٤) الحاشية في صفحة ١٢ مستفادة بعضها من معجم البلدان لياقوت الحموي .

٥) أضف [illegible] (١) ص ١٤ ما يأتي : «لا توجد هذه [illegible] في [illegible] ولا [illegible] في [illegible] له . لأن فعل [illegible] ابن [illegible] اللغوية [illegible] بنفسه [illegible] ولو قال [illegible] أو [illegible] لكان كلامه صحيحا . ولكنه [illegible] في قوله «[illegible]» والاجتراء عليهم .. فاستعمل [illegible] . وهذا من حسن الديباجة وجمال الأداء [illegible] الكتاب .

٦) أضف [illegible] (١) [illegible] ٢١ هذه [illegible] : والمعنى : أ[illegible] بجعلهم [illegible] .

٧) ص ٢٥ س ٧ ربما كان الافضل بناء الفعلين للمجهول (يُنْتَفَع ... يُسْتَغْنى) لتكون العبارة كالقاعدة والدليل .

٨) أضف على الحاشية رقم (١) ص ٥١ : « ويؤكد ذلك ما ذكره المؤلف في آخر ص ٥٣ واول ص ٥٤ » .

٩) أضف على الحاشية رقم (١) ص ٥٢ هذه الجملة : « كأنه بُدئَ بها وقُطع النظر عن الحكم الاول . »

١٠) أضف حاشية على صفحة ٥٥ لتفسير كلمة الوالى الواردة في سطر ٩ يكون هذا نصها : « الوالى بمعنى السلطان . عناه المؤلف بتعبير آخر . ورأينا التنبيه على ذلك لئلا يختلف مجرى الكلام . »

١١) الضمير في "يخالفه وخالفه" في سطرى ٩ و ١٠ من صفحة ٥٥ راجع الى ذى الجاه المذكور من قبل .

١٢) كلمة العفو الواردة في س ١ ص ٥٩ هي بمعنى الفضل الزائد عن الحاجة .

١٣) أضف حاشية على صفحة ٦٦ لتفسير كلمة «يتورد» متورد

وهذا نص [illegible] البارقايلا [illegible] كثر التردد إليه [illegible]. والمعنى :

[illegible] في بعض [illegible] لا [illegible] تكون [illegible]

[illegible]

١٤ [illegible] ٧١ [illegible] نفسه .

وكلامه [illegible] ولعل [illegible]

[illegible] ومن [illegible] التفرج .

[illegible]

١٥) [illegible] (١) [illegible] ولا معنى

[illegible]

١٦ [illegible]

والمعنى [illegible] لا يعني [illegible] فلا

[illegible]

فازهد فيه واسخُ عنه .

١٧) في حاشية رقم (١) ص ١١٤ يجب كتابة البيت الخامس « س ٩ » هكذا بعد تصحيحه :

يُقْتَلُ العاجزُ الجبانُ وقد يَعْــجَزُ عن قطعِ بُخْنُقِ المولود

وهذه الأبيات للمتنبي ولا يتم المعنى الا بإيراد البيت السادس وهو :

ويُوقَّى الفتى المِخَشُّ وقد خوَّضَ في ماءِ لَبَّةِ الصنديدِ

(والمخشُّ هو الجريء على العمل في الليل .)

١٨) إنقل البيتين الاخيرين من حاشية صفحة ١١٤ الى حاشية جديدة في آخر صفحة ١١٣ . وهما بمناسبة السطرين الاخيرين من المتن الذي فيها .

١٩) في سطري ٣ و ٤ من صفحة ١١٥ رسمنا " أمَّن " مدغومة . واصطلاح الكتاب هو فصل الكلمتين هكذا " أمْ مَن " على ما هو مقرر في قواعد الرسم والإملاء . فلك الخيار .

٢٠) إحذف الحاشية رقم (٢) فى صفحة ١٢٣ وضع بدلها ما يأتى: أزرى به أدخل عليه عيباً .

٢١) الباب الاول الموجود فى صفحة ١٢٤ قد سبق بنحو ألفاظه فى صفحة ٧١ . فتنبه لذلك .

تصحيحات

انحرفت بعض علامات الشكل عن مواضعها فى أثناء الطبع، وانعدم البعض الآخر، وانكسرت دقائق من الحروف من كثرة الضغط، فرأينا وجوب التنبيه على ذلك كله بالتفصيل فى جدولين جامعين: أحدهما للأدب الكبير، والثانى للأدب الصغير. وقد ألحقنا بهما تصحيحَ بعض الكلمات وتعليقاتٍ اقتضاها المقام.

لذلك نتقدم إلى كلٍّ مَن تصله نسخة من أحد الكتابين أن يجعل همّه الأوّل وضع هذه التصحيحات فى أماكنها.

والعصمة لله!

١ - الأدب الكبير

خطأ	صفحة	سطر	صواب
[illegible]	٣	١٠	مُشْتَقَّة (١)
[illegible]	[illegible]	٧	عَنَى (٢)
	٦	٤	
[illegible]	١٦	٨	يَغُرَّنْكَ (٣)
	٢١	٣	

(١) لا [illegible] الرفع (التوصيف) على النصب (باعتبار) الحال .

(٢) [illegible] التعبير في مثل هذا التركيب. ولعل الاصل كذلك ثم حرفه [illegible] بمعنى ذد الفقر [illegible] يستعمل فى النفع .

(٣) فى [illegible] الثانية وردت هذه [illegible] مضبوطة بنون التوكيد [illegible] فى الكلام . فالاولى

خطأ	صفحه	سطر	صواب
فَيُرِيدُ	٩	١	فيُرِيدَ
الدعةَ	»	٧	الدَّعَةَ
تلهُو	١١	٨	تَلْهُوَ
اِعرَفِ	١٢	٢	اِعْرِفِ
تنضاف	»	١١	تُضاف
Suorogatoire	٣١	١١	Surérogatoire
قوتَّك	٢١	٣	قُوَّتُكَ
مجازاة	٢٢	٢	مُجارَاة (١)
خلط	٢٣	١١	لَعِبٌ ولَغْوٌ
الرّيبة	٢٤	٣	الرِّيبةِ
السَّفَلَة	٢٦	١	السِّفْلَة

(١) لعل الافضل بالراء المهملة .

خطأ	صفحه	سطر	صواب
يحسدن	٢٧	٦	يحسدن
جمع	٢٩	١	جمع (١)
[illegible]	٣٢	٦	[illegible]
ونقويه	٣٥	٣	وتقويه
يكرث	[illegible]	٤	يكترث
[illegible]	[illegible]	٨	[illegible] (٢)
المروءة	٤٢	٨	المروءة
[illegible]	٤٨	٢	[illegible]
ولا [illegible]	٤٩	٦	ولا [illegible] وما أنت واجد (٣)
وما أنت واجد		٧	

---

(١) [illegible] (٢) لا يعرف في الكلام الفصيح دخول [illegible] في بعض المواضع ولكنه لا [illegible] (٣) [illegible] الكلام عبارة واحدة

خطأ	صفحه	سطر	صواب
منزِلةِ	٥٠	٨	منزِلَةِ
الطَّماح	»	٩	الطِّماحِ
يستبين له	»	١٦	يستبين منه
الهوىَ	٥٥	١	الهوَى
يبدُو	٥٦	٤	يبدُوَ
يأخذُهُ ... يحتمل	٥٩	٦	يأخُذْهُ ... يَحتملِ
أعلمتَهم	»	٩	عَلمتَهُمْ (١)
تبتدىء	٦٤	٣	تبتدى

مؤلفة من جملتين معطوفتين. فيكون قوله „أفضل" خبراً للفظة „ما" المكررة في تلك الصفحة مرتين.

(١) لعل „علمتهم" أفضل من „أعلمتهم" الواردة في جميع النسخ. يؤيد ذلك كمالة الكلام فقد قال المؤلف في س ١ ص ٦١: « تُعَلِّمهُم وانت تريهم انك تتعلم منهم. »

خطأ	صفحه	سطر	صواب
ضرائبَ لُؤْم	٦٧	٩	ضرائبِ أُوْمِ
وطينَ	٧٣	٤	تهطين
يَكسِب	٧٥	٦	يَكْسُبُ
تسلِب	٧٦	٢	تَسْلُبَ
(١)	〃	١٠	(٢)
(٢)		١١	(١)
صفحه ورد	٨٠	٩	صفحه ٣٠ ورد
مَنِ	٨١	٨	مَنْ
فتذهب	٨٢	٣	فتذهب
أقواه	٨٣	١٠	ذا أقواه (١)

(١) [illegible] في [illegible] نسخة [illegible] نسخة [illegible] افندي [illegible] فيها نسخة الشنقيطي الا [illegible] ن [illegible] عشرين [illegible] » وذلك صوابا ما فعله الا [illegible] من [illegible] « ذا أقواه » [illegible] شرطا .

خطأ	صفحه	سطر	صواب
فتنذِرُهُ	٩٠	٩	فتنذِرَهُ
وتؤذِنهُ	٩١	١	وتؤذِنهُ
تكافىء	»	٥و٧	تكافىَ
إحصاء...ومعائبه	٩٢	٨	إحصاء...ومعايبه
دَفنُ	٩٤	١	دفنَ
فيمقتهُ	»	٤	فيمقتُهُ
إستعشار	٩٥	٢	استشعار
التبوءُ	٩٧	٦	التبوءِ
أوِ	٩٨	٣	أوْ
الغرامُ	٩٩	١	الغرامَ
يأجمُ	»	٢	يأجِمُ
النساء	»	٩	النساء

خطأ	صفحه	سطر	صواب
قصور	١٠٠	٣	قُصُوَّرُ
يهم	«	٥	يهجم
هذ الموضع	«	١٢	هذا الموضع
ويضيقه ويحجمه	١٠١	٣	وَيُضَيِّقُهُ وَيُحَجِّمُهُ
تزيين هو اجـ ن	١٠٢	٣	تَزْيِينٌ ، هو اجمال
ما لم يعمه	«	٥	ما يعلم
وأنهم هم	١٠٣	٢	وأنهم هم
المجادل		٨	مُجادَل
عطوة	١٠٧	٥	عطوءة
مؤزرة	١٠٩	٣	مأزرة (١)
اسفهاء		٦	سفهاء

(١) أي بدون الهمزة مثل منجاة ومهواة الخ.

خطأ	صفحه	سطر	صواب
قَبِله	١١٠	٤	قِبَله
مستبطىء	»	٥	مستبطئٍ
سَداذ	١١١	٥	سدادًا
لغلّ الحسود	١١٤	٧	لغِلّ صدرِ الحسود
لظِنَ	»	٩	لعِلَنَ
يُمْتَك	١١٤	٩	يقْتَلُ
إنّه	١١٥	٦	أنّه
لاَ تُعدَّ	١١٦	٣	لا تَعُدَّ
كلَّه	١١٧	١	كُلِّه
أيَّهما أصوبَ	,,	٣	أيُّهما أصوبُ
أيَّهما	,,	٤	أيُّهما
آستغاوءك	,,	٨	آستغناؤك

خطأ	صفحه	سطر	صواب
أمرًا	١١٧	١٠	آمرًا
الغيّ	١١٨	١	الغيّ
ثقل	„	٢	ثقلَ
حَرِصوا	„	٥	حرَصوا
آمروا	١١٩	١	آمرُوا
الواوع	„	١	الوَاوع (١)
أعيَ	١٢٢	٤	أعيَا
المُشير فعمل	١٢٣	١	المشيرَ فعمَلِ
يُهجن	„	٦	يُهَجِّنُ
يَزرى		٧	يُزرى
باب		٩	(تحذف هذه الكلمة لأن ما بعدها تكملة لما قبلها)

(١) المصدر [illegible] عليه [illegible] بالقاموس، ومعناه الاستخفاف والسخرية.

خطأ	صفحه	سطر	صواب
آنّك	١٢٤	٥	أنّك
عونُ	١٢٥	٢	عونٌ
اِعْرَفْ	١٢٦	٥	اِعْرِفْ
كُلِّ	,,	٧	كُلَّ
مكافآتهم	١٢٧	٥	مُكافَآتِهِم

٢ – الأدب الصغير

خطأ	صفحه	سطر	صواب
المآء	٦	١	الماء
فيذهبَ	٦	٢	فيذهبُ
حياتَها	٦	٥	حياتُها
الجَدّ	٩	٧	الجِدّ
امرئٍ	١١	٩	امرئ
الحازمُ	١٢	٨	الحازمَ
فيعلمَ	١٣	٦	فيعلمُ
فيردَّ	١٦	٢	فيردُّ
يقذع	١٧	٢	يقدع

خطأ	صفحة	سطر	صواب
أقربَ	١٨	٩	اقربُ
خسَر	١٩	٧	خسِر
مُحَرَّمَه	٢١	١	مُحَرَّمه
الصِحة	٢٢	٦	الصحَّة
تسويفُ	٢٣	٣	تسويفَ
إسعافُ	٢٣	٣	إسعافَ
التقديم	٢٥	٢	التقدم
اقتصا	٢٧	١	اقتصاد (١)
الناس	٣٠	١٠	آلناس
ليحلون	٣٣	٦	ليحلون
وأفلحوهم	٣٦	٨	وأفلحوهم

(١) في الاصل: مصدر. ونعلها محرفة عن: اقتصاد. وهو الاقرب لمعنى الابقاء على النفس وإجمامها.

خطأ	صفحه	سطر	صواب
يُسْلَم	٣٧	٨	يَسْلَم
آكلُهُم	٣٧	٣	أكَلَتُهُمْ
يشرِع	٣٨	٢	يشرَع
امرىءُ	٣٨	١٠	امرىءً
تُسْتَحْكَمُ	٤٠	٢	تَستحكِم
وسببُ	٤٠	٤	وسببِ
كبيرِ	٤٠	٥	كبيرٍ
كذَب	٤١	٥	كذّب
يقدُر	٤١	٩	يقدِر
أنَّهُ بالباطل	٤١	٩	به الباطلَ
مؤاتاةَ	٤٢	٧	مؤاتاةُ
يقدُر	٤٣	٣	يقدِر

خطأ	صفحه	سطر	صواب
يَبْصُرَ	٤٤	١	يُبْصِرَ
فالعلم	٤٤	١	فبالعلم
يؤْذِيهِ	٤٤	١١	يؤْذِيَه
حِقَودا	٤٥	١	حَقُودا
يَصرَّ	٤٥	٢	يُضِرَّ
حتى	٤٩	٥	حين
وينظر في	٥٠	٧	وينظر من
فَبَطِرَ	٥٥	٥	فَبَطِرَ
من لم	٥٦	٣	من لا
يختصِم	٥٩	٢	يَختَصِم
زَهَد	٥٩	٧	زَهِد
يُنْتقِصُه	٥٩	٨	يَنْتَقِصُهُ

خطأ	صفحه	سطر	صواب
النغص	٦٠	١	التنغيص
خفاءُ عيوبُـهُ	٦١	٧	خفاءُ عُيوبِهِ
الفِعلة	٦٣	٣	الفَعْلة
فيجترئ	٦٥	٦	فيجترئَ
ذاتُ ... وذاتُ	٦٩	١١	ذاتَ ... وذاتَ
غنًى	٧٣	٤	غِنًى
صبر	٧٣	٥	صُبِر
ابا بكر الصديق	٧٤	٩	خويلد
تخلف	٧٧	٦	نُخَلِّفُ

الصادقة أن يكون له نصيب فى إقامة هذا البناء الشامخ ، وأن تدخل فى عداد العاملين على تجديد ذلك المجد الباذخ ، فقد بادرتُ باجابة الطلب ، فأهديتُها كتابين هما جُرثومة الأدب ، ومن خير ما ظهر إلى الآن بلسان العرب .

⁂

تحلى "الأدب الصغير" منذ عام ، فى ثوب قشيب بديع النظام ، فحياه أمراء الفصاحة ، واستبشر به أهل الرأى وأرباب الحصافة . ونال عند الفريقين مكانته الجدير بها من التجلّة والإكرام .

نال من الرواج ما جعل بعض البُله المتعمّدين يقلده بلا خجل ، وفاته ان التكحل غير الكَحَل .

لعمرى إن هذا التقليد لا يسوء مقامه . فالعاجز المزوّر

بسم الله الرحمن الرحيم

تصدير

للأدب الكبير

ما زلتُ منذ نيّف وعشرين سنة ، وأنا أُنادى ذوى الفضل فى بلادى ، ليتعاونوا على إحياء الآداب العربية ، حتى آذن الله بنجاح المسعَى وتحقيق المُنَى فى هذه الأيام العباسية السعيدة . والأمور مرهونةٌ بأوقاتها .

وقد تقدمتْ إليَّ جمعية العروة الوثقى لكى أُتحفها بشئ من الطرائفِ الثمينة التى تخيّرتُها من هنا ومن هناك وصرفتُ نفيس العمر فى تتبعها فى مكامنها . ولما كان غرض الجمعية النافعة

قررت نظارة المعارف العمومية تدريس هذا الكتاب في جميع مدارسها الابتدائية

الأدب الكبير

لابن المقفع

«اذا كثر تقليب اللسان»
«رقت حواشيه ولانت عذبته»
لابن المقفع

بتحقيق

الأستاذ احمد زكي باشا

كاتب أسرار مجلس النظار

الطبعة الأولى

سنة ١٣٣٠
١٩١٢

الأخلاق والارتقاء بها في سلم الكمال ، فلا بُدَّ للفضيلة من التغلب على ذلك الصنف من الحيوان ، فينقرض « إن شاء الله » من جسمنا الاجتماعيّ ، تبعاً للناموس العمرانيّ الدائم ، وهو بقاء الأصلح والأنسب . فأما الزبد فيذهب جفاء ، وأما ما ينفع الناس فيمكث في الأرض .

إنما يتسكع فى تقاليد البضاعة المقبولة يكسب من وراء جريرته السحت والحرام!

او ان الأغرار المغرورين يتقدمون الينا نهديهم شيئًا يجعل لهم ذكرًا محمودًا ولنهديهم السبيل الذى يكون لهم فى نهايته مقام كريم، لفعلنا. والله على ما نقول شهيد. ويقيننا أيضا أنهم إذا التمسوا من تلك الجمعية نوالا من هذا الباب، لما بخلت عليهم. لأن وظيفتها إسداء الخير ونفع الناس.

لكن الانحطاط بلغ من بعض الذين لا خلاق لهم أنهم يؤثرون التدني فى الأخلاق والتدني فى الأعمال، لأن الرزق الحلال لا يجديهم، والريح الطيبة تؤذيهم. فهم لا يزالون إنما تشبهوا بالحيوينات الحلمية أو النباتات الطفيلية. وهم ... فى الفضول، ولله فى خلقه شؤون!

على أنه ما دام أهل الشهامة يتضافرون على رفع مستوى

طبع على ذمة

جمعية العروة الوثقى الخيرية الإسلامية

بمطبعة

مدرسة محمد علي الصناعية

1

الأدب الكبير

الأدب الكبير

لابن المقفع

قررت نظارة المعارف العمومية تدريس هذا الكتاب في جميع مدارسها الابتدائية

الأدب الصغير

لابن المقفع

«اذا كثر تقلب اللسان»

«رقت حواشيه ولانت عذبته»

لابن المقفع

بتحقيق

الأستاذ أحمد زكي باشا

كاتب أسرار مجلس النظار

الطبعة الأولى

طبع على ذمتها

بمدرسة محمد على الصناعيه بالاسكندرية

سنة ١٣٣٠

١٩١٢

www.ingramcontent.com/pod-product-compliance
Ingram Content Group UK Ltd.
Pitfield, Milton Keynes, MK11 3LW, UK
UKHW020646060526
12295UKWH00012B/205